保育者・小学校教師のための
道しるべ

田中　卓也
【監修】
松村　齋
小島千恵子
志濃原亜美
【編著】

学文社

【監　修】

田中　卓也（たなか　たくや）　共栄大学・准教授　〔はじめに，第1章，第6章の1・2・3，第7章，カフェタイム③・⑥〕

【編著者】

松村　齋（まつむら　ひとし）　大垣女子短期大学・教授〔第4章の2・3・4〕
小島千恵子（こじまちえこ）　名古屋短期大学・准教授〔第3章の5・6・7，第4章の1，カフェタイム⑪，おわりに〕
志濃原亜美（しのはらあみ）　秋草学園短期大学・准教授〔第3章〕

【分担執筆者】

橋爪けい子（はしづめけいこ）　浜松学院大学短期大学部准教授〔第9章〕
秀　真一郎（ひで　しんいちろう）　吉備国際大学・准教授〔第10章の5・6・7・8〕
五十嵐淳子（いがらしじゅんこ）　上智社会福祉専門学校教員〔第10章の1・2・3・4〕
木本　有香（きもと　ゆか）　同朋大学・講師〔第5章・カフェタイム①・④・⑩〕
佐々木由美子（ささきゆみこ）　足利短期大学・准教授〔第6章の4・5・6・7〕
中田　尚美（なかた　ひさみ）　神戸常盤大学・教授〔第8章の3・4・5，カフェタイム⑦〕
岡野　聡子（おかの　さとこ）　奈良学園大学・准教授〔第8章の1・2・6，カフェタイム②〕
雲津　英子（くもつ　えいこ）　吉備国際大学・講師〔カフェタイム⑨〕
光井　恵子（みつい　けいこ）　大垣女子短期大学・教授〔第4章の2・3・4〕
今村　民子（いまむら　たみこ）　大垣女子短期大学・准教授〔カフェタイム⑧〕
谷原　舞（たにはら　まい）　大阪信愛女学院短期大学・講師　〔第1章，カフェタイム⑤〕
岩治まとか（いわじまとか）　東京家政大学・非常勤講師〔第2章〕

【イラスト】

石川　美紅（いしかわ　みく）　共栄大学教育学部4年生　　山畑　綾斗（やまはた　あやと）　共栄大学教育学部3年生
海老澤咲希（えびさわさき）　共栄大学教育学部4年生　　野原裕太郎（のはらゆうたろう）　共栄大学教育学部3年生
菅野　悠人（かんの　ゆうと）　共栄大学教育学部3年生　　長谷川　諒（はせがわ　りょう）　共栄大学教育学部3年生

(2017年現在)

イラストで協力してくれた田中卓也ゼミの学生には，通常のゼミの時間以外にも，私のわがままな意見やお願いを素直に受け入れ，文句一つ言わず取り組んでくれました。本当に感謝しています。どうもありがとうございました。

峯山　由実（みねやま　ゆみ）　〔カバー，第8章〕

はじめに
── あなたが保育者・教員になるまえに ──

　本書は，保育士・幼稚園教諭・小学校教諭をめざす高校生・短期大学生・大学生・専門学校生にあてて，保育者・教員として就職する前に身につけてほしい情報をまとめたものです。
　わが国の少子化傾向に拍車がかかり，地域や家庭の教育力の低下や人間関係の希薄化などが進行し，子ども同士の関係も複雑化・多様化するなかで，遊びなどにも変化が起こってきています。そのような現状を鑑み，より優れた実践・人間関係力を具備した保育者・教員の登場が求められているのです。このことから保育者・教員はより専門性が求められ，現代の幼児・児童，生徒にとって必要な存在としてクローズアップされるようになってきました。
　本書は将来保育者・小学校教員をめざすみなさんのためのハンドブックとして作成しています。もちろん大学や短期大学，専門学校でこれから学んでいくことと思いますが，本書がみなさんの進路選択および決定の一助になれば幸いです。高等学校の保育学科・保育コースの生徒にも大変わかりやすいものとなっています。大学，短期大学などに早期入学決定した生徒には，早い時期から本書をぜひ読んでもらえることを願っています。
　本書は，これから保育者・教員をめざそうとする学生に，身につけておきたい基礎的事項を中心にまとめられており，活用しやすいものとなっています。ぜひ進んでテキストとして使用してもらえたらと思います。

　2017年8月吉日

田中　卓也

♪ 目　次 ☁

はじめに　i

第 I 章　高等学校を卒業したら　1

1. 高等学校卒業後の進路をしっかり考えてみよう ……………………………………… 1

   （1）私は一歩リードしている！　1 ／ （2）いろいろな職種を見て考えよう　1 ／

   （3）自己分析をしよう　2

2. 高等学校卒業後の進路が決まったら ………………………………………………………… 3

   （1）行きたい大学・短期大学・専門学校について調べよう　3 ／ （2）オープンキャンパスへ行こう　3 ／ （3）入学が決まったら　4

3. どんな大学生・短期大学生・専門学校生になりたいのか ……………………………… 4

   （1）大学生・短期大学生・専門学校生の生活　4 ／ （2）次につながる経験をしよう　5 ／ （3）チャンスはつかめ!!　6

4. どんな保育者・教員になりたいのか ……………………………………………………… 6

   （1）理想像を描こう　6 ／ （2）目標とする保育者・教員を見つけよう　7

5. 10 年後，20 年後の私はどうしてる？ ……………………………………………………… 8

   （1）自分の人生設計から逆算してみよう　8 ／ （2）"石の上にも十年"!?　8 ／ （3）保育者・教育者たるもの，常に向上心をもつ　9

6. 保育者・教員になるために読んでおきたい本は？ ……………………………………… 10

   （1）必読書　10 ／ （2）実習へ向けて　10 ／ （3）文章力を身につける　11

第 2 章　大学生・短期大学生・専門学校生になる　13

1. 大学・短期大学・専門学校ってどんなところ ………………………………………… 13

2. 充実した学生生活のすすめ―勉強編 ……………………………………………………… 14

   (1)「学習」と「学修」何が違うの？　14 ／ （2）成績の仕組み「単位」をとるってなんだ？　15

   （3）大学がある理由，大学・短期大学・専門学校で学ぶってどういうこと？　15

3. より充実した学びのために ………………………………………………………………… 16

   （1）主体的で能動的な学びへの道　16 ／ （2）主体的で能動的な学びを続けるためのポイント　17 ／ （3）主体的で能動的な学びを支えてくれる資源　17 ／ （4）主体的で能動的な学びの先に　18

4. 充実した学生生活のすすめ―生活編 ……………………………………………………… 18

   （1）いろいろなことにチャレンジしよう　19 ／ （2）自分を知ろう，「私」を知るには他者と話すしかない　19 ／ （3）やりたいこと，将来のこと，いっぱい悩もう　20

5. より充実した学生生活のために …………………………………………………………… 21

   （1）健康のもとは睡眠にあり　21 ／ （2）よりよい人間関係のために　21 ／ （3）ストレスとの付き合い方　22

目　次　　iii

第3章　保育・教育系大学及び短期大学，専門学校に入学したら　24

1. 保育・教育とはどのような世界なのか ……………………………………………… 24
2. 単位とはどのようなものか ……………………………………………………………… 26
3. 90分の講義はどのように展開するのか ……………………………………………… 27
4. いつももっていないといけないものとは …………………………………………… 28

（1）学生証　28／（2）図書館利用証　28／（3）携帯電話・スマートフォン　29／（4）筆記具など　29／（5）教科書，ノート，ルーズリーフなど　29

5. 必ずシラバス (Syllabus) を見てみよう！　履修登録を忘れずに ………………… 31
6. 履修登録の流れと登録の確認 ………………………………………………………… 31
7. 成績・評価について知っておきたいこと …………………………………………… 32

第4章　いろいろな講義を知っておこう　33

1. 講義に出席すること ……………………………………………………………………… 33
2. 履修する講義の担当教員や講義の特徴をまとめてみよう ……………………… 34
3. 講義の行われる曜日および時間，その講義の出席・欠席を書いておこう …… 36
4. その講義が自分にとってどのように役立つか，書いておこう ………………… 38

第5章　図書館を利用してみよう　41

1. 図書館とは ………………………………………………………………………………… 41
2. 図書館の種類 ……………………………………………………………………………… 41
3. 活用の方法 ………………………………………………………………………………… 42

（1）閲覧と貸出　42／（2）レファレンス・サービス　43

第6章　大学生活とアルバイトについて　45

1. 大学生活をよりよく過ごすための方法とは ……………………………………… 45

（1）まずは行動してみること！　45／（2）大きくても，小さくてもいいです。"目標"をみつけること！　46／（3）ひとりでも多く，友人・親友をつくる！　46

2. 携帯電話，メール，コミュニケーション・アプリやソーシャル・ネットワーキング・サービスなどを有効活用しよう ……………………………………………………… 46
3. 訪問販売やキャッチセールスには気をつけよう！ ……………………………… 47
4. 部活動とサークルについて知っておこう ………………………………………… 48
5. アルバイトをしてみよう・学んでみよう ………………………………………… 49
6. ボランティア活動に取り組もう！ …………………………………………………… 50
7. 奨学金（制度）ってどんなもの？ …………………………………………………… 51

第7章　大学時代の友だちは"一生の宝物"になる　53

1. たくさんの友人，親友をつくろう！ ……………………………………………… 53
2. コミュニケーションの重要性を知っておこう！ ………………………………… 54
3. 先輩との関係，後輩との関係づくりとは！ ……………………………………… 54
4. ゼミを決めよう。決まったら積極的に活動しよう！ …………………………… 55
5. ゼミで学んだことを，まとめておこう！ ………………………………………… 56

第8章　保育実習・幼稚園教育実習・小学校教育実習で実力を発揮しよう　58

1. 保育実習とはどのような実習なのか ……………………………………………… 58
2. 幼稚園教育実習とはどのような実習なのか ……………………………………… 60
3. 小学校教育実習とはどのような実習なのか ……………………………………… 62
   （1）授業，教材研究への見通しをもつ　63／（2）学級づくり，授業を見て学ぶ　63／（3）子ども理解を深める　64
4. 実習を経験して学んだこと ………………………………………………………… 64
   （1）現場で学ぶということ　64／（2）学んだことを実習後にどうするか　65
5. 実習で印象的だったこと …………………………………………………………… 66
   （1）教員との関わり　66／（2）子どもたちとの交流　67／（3）若い教員は奇跡を生み出す　68
6. 実習記録，指導案とはどのようなものなのか …………………………………… 68
   （1）実習記録とは　69／（2）指導案とは　70

第9章　育てる，つくる【植物編，遊びとちょっとした工作】
　　　　　ーいろいろな体験は将来の宝に　74

1. わたしたちの体の栄養のもとになる野菜や果物を育てましょう！"もちろん食べるよ！" …… 74
   （1）野菜を育てましょう　74／（2）5歳児は，《My 野菜》を育てましょう！　もちろんクラスごとや共同でも OK！　76／（3）カイワレ大根を育てましょう　77
2. さつまいもを育てて，いもほりしようよ！やきいももたのしいよ！ ………… 77
   （1）さつまいものつるさし　77／（2）いもほり　78／（3）やきいも　78
3. 季節感，あそびの行事には敏感に！ ……………………………………………… 78
   （1）タンポポの茎笛（春）　78／（2）しろつめぐさを使って，相撲ごっこ（春）　78／（3）しろつめぐさを摘んで，かんむり作り（春）　79／（4）どろんこ遊び（夏）　79／（5）落ち葉の滑り台であそぼう！（秋）　79／（6）たこあげ　あれこれ（冬）　79
4. 身近にあるもので，ちょっとした製作をしよう！ ……………………………… 80
   （1）牛乳パックの底を切り取って，「びゅんびゅんごま」を作ってあそぼう　80／（2）粉ミルクなどの空き缶を使って，「マフラー作り」！　プレゼントにもいいよ！　80
5. 失敗は成功のもとーめげずに前向きチャレンジ！ ……………………………… 81

目　次　v

失敗例1．"ポップコーンが爆ぜないじゃんかー" 81／失敗例2．オクラの収穫　81

第10章　保育者・教員になるためには　83

- 1．資格・免許をとるには ………………………………………………………………… 83
- 2．保育士になるには ……………………………………………………………………… 84
- 3．幼稚園教諭になるには ………………………………………………………………… 86
- 4．小学校教諭になるには ………………………………………………………………… 88
- 5．編入制度，通信教育ってどのようなものなのか ……………………………………… 90

　（1）編入制度とは　90／（2）通信教育とは　90／（3）編入制度・通信教育において保育者や教員をめざすために　91

- 6．履歴書の書き方を知ろう ……………………………………………………………… 91

　（1）履歴書とはどういうものか　91／（2）履歴書を作成するうえで注意したい点　92

- 7．面接で成功するために知っておきたいこと …………………………………………… 93

　（1）なぜ面接が行われるのか　93／（2）どのような面接の方法があるのか　93／（3）よく質問される項目とは　94

- 8．求人の探し方と求人票の見方とは …………………………………………………… 95

　（1）求人の探し方（保育所・幼稚園）　95／（2）求人の探し方（小学校）　96／（3）求人票の見方　96

　おわりに　98

第1章
高等学校を卒業したら

1. 高等学校卒業後の進路をしっかり考えてみよう

(1) 私は一歩リードしている！

　この本を読んでいるのは，高校1年生，2年生，3年生と大学や短大，専門学校に入学したばかりのみなさんでしょうが，この本を手にとられたということは，「私は将来，保育者・教員になろう！」と心に決めているのでしょう。今の時点で将来の自分の姿を想像し，希望をもっているということは大変素晴らしいことです。学校を卒業しても，自分は何になりたいか結局決められないまま，とりあえず職に就く人も少なくありません。みなさんは，その人たちより一歩も二歩も前進しているといえるでしょう。まずはそのことに自信をもち，一日も早く行動を起こすことが大切です。

　とはいえ，みなさんの中には，「絶対に保育者になりたい！」という人や，「まだあまり考えられないけれど，少し興味がある」という人もいるでしょう。それでも，実際に自ら調べるうちに，「やっぱり興味がある」や「興味がなくなってしまったので，他の進路を考えたい」など，自分の気持ちが明らかになっていきます。一度きりの人生を決める重要な選択ですから，じっくり考えて進路を決めていきましょう。

(2) いろいろな職種を見て考えよう

　せっかくここまで，保育者・教員になりたいという話で進んできたにもかかわらず，水を差すようですが，今一度，世の中にはいろいろな職種があることも意識しておいてください。なぜなら，みなさんがこれまで出会ってきたと思われる仕事の中で最も身近にふれ合ってきたのが，保育者や学校の教員であり，仕事のイメージもしやすい職業であるため，一度視野を広くして，他の職業にも目を向けたうえで，それでも自分は保育者・教員になりたいと考えてもらいたいからです。世の中には，保育者・教員以外にもさまざまな職種が存在しています。

その中でも、自分は本当に保育者・教員になりたいのか、そこにどんな魅力を感じているのかを改めて意識し、進路を決めることができれば、この先のあらゆる試練も乗り越えることができるでしょう。もちろん、このままこの道に進んでいただくのは大変嬉しく思いますが、進路を決める前に一度、進路指導室でさまざまな職業があることを認識したうえで、やはり自分がめざす道は保育者・教員であると決心してほしいと思います。

(3) 自己分析をしよう

　いろいろな職種を見たけれど、自分に合っている職業はなかなか見つけることができないかもしれません。また、保育者・教員志望の方は、本当に自分に向いているのか、判断しにくいものです。それぞれの仕事が自分に合っているかを考えるためには、まずは自分を知るということが重要であり、自分自身を客観的に分析することが必要です。

　まず、自分はどんな性格か、長所と短所に分けて書き出してみましょう。この作業は、受験の面接で自己アピールをする際や、就職活動で履歴書を書く際にも役に立ちます。ただし、自分で自分に対して感じていることと、他人があなたを見て感じることは異なっている可能性があります。そこで、周りの友人や先輩、担任や顧問の教員、保護者の方に、自分はどんな性格か、聞いて書き足してみましょう。自分では気がつかなかったことも出てくるはずです。そして、自分の好きなこと・嫌いなこと、得意・不得意なことも書いてみましょう

　自分の性格・関心について書き出したら、興味のある職業に当てはめてみましょう。それには、自分の興味がある職業について調べ、どんな能力が求められるのかを知る必要があります。そして、最初に書き出した自己分析の中で、その職業で必要な力と共通している項目をチェックします。たくさん項目が当てはまれば、その職業は自分にとって向いていると考えられます。その後、もしその職業に就くならば自分に足りないものは何か、別の紙に書いてみるとよいでしょう。足りない部分があったとしても、今後変えることができる能力だと考えられるならば、克服できる項目として「△」をつけてみましょう。今後も変えることのできない項目が多い場合は、その職業は自分には不向きであるといえるかもしれません。保育者・教員としての夢をもっているけれど、自分には足りない部分がたくさんあることが判明すれば、意識的に変わる努力をしていかなければなりません。今できないからといって諦めず、どうすれば克服できるのかを考えていきましょう。

　また、なかなか進路が決められないという人は、ハローワークなどで受けることができる「VPI」（職業興味検査など）も利用してみてもよいでしょう。しかし、検査結果に絶対従うというわけ

ではなく，あくまでも進路を決める参考にしてみてください。

2. 高等学校卒業後の進路が決まったら

(1) 行きたい大学・短期大学・専門学校について調べよう

　高等学校卒業後の自分の姿がイメージできれば，あとは行動を起こすのみです。まずは，それぞれの高校にある進路指導室へ行き，自分の目指す道の実現のためには，どんな学部・学科（以下，学部）に行けばよいのかを調べてみましょう。そして，希望の学部がある大学を探してみましょう。同じような名前の学部あるいは学科であっても，取得できる資格や講義・実習内容も異なるため，自分がやりたいことや取得したい資格はその大学の学部で実現可能なのかをしっかり見極めることが重要です。自分ひとりで考えるだけではなく，進路指導の教員や，担任の教員に相談するのもいいでしょう。

　またそれ以外にも，インターネットを活用して探してみるのもよいでしょう。最近は，あらゆる大学検索サイトをはじめとする「学校検索サイト」がありますので，行きたい地域や学部あるいは学科からすぐに大学を検索することができ，各大学の特色や入試方法，さらにその学部あるいは学科を卒業した人はどんなところへ就職しているのかなども見ることができます。調べるポイントとしては，大学全体と学部あるいは学科の特色，取得可能な資格，募集定員，立地，設備（図書館など），授業内容，入試方法，部活動・サークル活動，就職先，教員情報，在学生の学生生活などがあげられます。大学・専門学校の数は非常に多いため，みなさんが将来夢を叶えるため，学校には何を求めているのかを具体的に考えておくとよいでしょう。そして，各大学サイトには資料請求もできますから，進路指導室に希望の大学の資料がない場合は，自分で取り寄せてみましょう。

(2) オープンキャンパスへ行こう

　「百聞は一見に如かず」ということばをご存じですか。ある程度興味のある大学が絞れてきたら，実際に大学へ行ってみましょう。一般の人もいつでも入ることができる大学も多くありますが，オープンキャンパスの日に行くのがよいでしょう。オープンキャンパスとは，入学を考えている生徒やその保護者に対して，大学を公開する行事のことです。学校によっては，オープンキャンパスの日に学生スタッフによる学内見学ツアーを設けていたり，体験授業を開いたりしているところもあるので，それらにも積極的に参加することによって，実際にその学校での生活を想像したり，大学選びのためのさまざまな情報を得たりすることができるでしょう。

各大学のオープンキャンパス日程については，各大学のホームページを見てみましょう。先ほど述べた大学検索サイトにも，オープンキャンパスの情報が載っています。進路指導室にパンフレットが置かれている高等学校もあるでしょう。早いところでは3月ごろからオープンキャンパスが始まり，7月，8月あたりに開かれていることが多いです。
　オープンキャンパスのメリットとしては，インターネットなどの情報だけではわからない学校の雰囲気を，自分の目で確かめられることです。また，その学校で実際に教えている教員や，在学生と直接話をすることができるので，生の声を聞くことができます。このように，キャンパスや学生の雰囲気はどうか，保育者・教員になるための十分な学習ができる環境かどうかなど，自分の目で確認し，自分に合った大学を見つけましょう。

(3) 入学が決まったら

　たとえば幼稚園，保育所でいえば，一日でも早く始めておくべきなのは，ピアノです。就職試験や採用試験でピアノを弾く課題があります。入学するまで遊び以外でピアノに触ったことがないという人も，大学の授業や在学中の特訓のおかげで，採用試験を受ける頃にはある程度弾けるようになるという人も多いようです。しかし，そうなるまでにはかなりの努力が必要だといえるでしょう。幼稚園・保育所実習では，1年次からピアノを弾かなければならない園もあります。もしピアノを弾いたことがないという人は，入学までの間に少しでもピアノに触れておくことが大切です。
　また，小学校教員志望のみなさんは，上記のピアノに含めて採用試験の実技の中に水泳も含まれています。泳ぐのが苦手だという人はやはり，入学前から克服できるように努めたほうがよいでしょう。
　他にも，高校生の間に実際に保育・教育現場にボランティアなどで行ってみてもいいでしょう。実習で初めて現場で子どもたちと触れあうという人も多いですが，事前に少しでも園や学校に慣れておけば，実習への不安を減らすことができるでしょう。また，将来の自分の姿をイメージすることができるので，入学後の学習に対する意欲にもつながっていくでしょう。

3. どんな大学生・短期大学生・専門学校生になりたいのか

(1) 大学生・短期大学生・専門学校生の生活

　さて，学校も決まり，いよいよ入学です！　入学後は，楽しいこともたくさん待っているこ

とでしょう。学びたかった専門分野の勉強だけでなく，アルバイト，部活動，サークル活動，ボランティアなど…やろうと思えば何でもできるのが学生です。しかし，大学などの数年間はあっという間に過ぎてしまいます。「希望の学部（学科）に入ったものの，サークル活動やアルバイトばかりしてしまった」などという話もよく聞きます。もちろんそういった活動は，将来役に立つ重要なことであり，積極的に行うべきだと思います。しかし，アルバイトやサークル三昧になることによって，本来の目的を見失い，せっかく希望した学部に入ったにもかかわらず十分に勉強に専念できずに卒業してしまったのであれば，本末転倒です。

(2) 次につながる経験をしよう

　学生時代にあらゆる経験をしておくことは大変重要です。将来保育者になった時，専門以外にも幅広く知識をもっているほうが，保護者や同僚からの信頼も厚いものとなり，子どもにとってもいろいろなチャンスが増えるでしょう。あらゆる経験は，保育者になるにあたって直接的ではないにしても役に立っていくはずです。重要なのは，それらの経験を意識しながら専門性を高める取り組みをしているかということです。何も考えずにただ参加するだけでなく，その経験を通じてどんな力が得られるのか，何のために取り組むのかを考えておくだけで，とても有意義なものになります。たとえば保育に関係のないアルバイトやボランティアなどをしたとしても，将来保護者や職場の同僚とコミュニケーションをする際の訓練になると考えれば，取り組み方も変わってくるのではないでしょうか。

　また，一つのことを突き詰めて行うことも大切ですが，それだけでは経験する範囲が狭まってしまいます。できるだけ広く経験することをお勧めします。はじめは興味がなかったことでも，取り組んでみると案外自分に合っていて，新しい道が開けるということもあるでしょう。たとえば，国内の保育者・教員になることを目標にしていたとしても，学生のうちに海外留学に行ってみるのもよいでしょう。海外の園や学校を見学できるなら，日本と海外の教育状況を比べることも可能ですし，何より自分の視野を広げることができます。近年は外国人児童・生徒も増えていますから，そのよき理解者になるためにも，まずは保育者・教員になるみなさん自身が海外で異文化間交流を経験しておくとよいでしょう。

　そして，保育者・教員になるという目標をもっているならば，ぜひ学生時代に保育・教育関係のインターンシップやボランティア，アルバイトで実際の園や学校に行くことを心がけてください。その理由の一つは，実習園・実習校だけでは，実際の業務をすべて見ることができないからです。もちろん，実習で現場を体験することはできますが，2〜4週間という短期間で行われ，勤務時間も決められているため，現場の裏側まではなかなか体験することができません。実習とは別にインターンシップなどでは，実際の職員会議などにも参加したり，

職員室で電話応対の仕方を聞いたりと，保育者・教員の方々が保育・教育以外にどんな業務を行っているのかを間近に見られるため，実際に自分が働いたときの姿をより具体的に想像することができます。

　そして，インターンシップやボランティアをすべきもう一つの理由は，実習先以外にも，さまざまな幼稚園・保育所・小学校を見られることです。養成校によっては，たとえば幼稚園・保育所実習が1年次と2年次で分けられていたとしても，どちらも同じ実習園に行かなければならないというところもあります。また，多くの園を見ておけば，就職活動の際にも自分に合った園を見つけやすいでしょう。よって，就職活動までに，実習先以外にもインターンシップやボランティア，アルバイトで行っておくことを強くお勧めします。

(3) チャンスはつかめ!!

　新しい大学，短期大学，専門学校（以下，大学）では，将来につながる経験を少しでも得ておく必要性を感じてもらえたのではないでしょうか。しかし，実際に学校が始まると，学校の課題やアルバイトなどが忙しかったりして，ついつい目的を忘れてしまうこともあるかもしれません。その時には常に，「なぜ自分はこの学校に入学したのか」「どんな学生生活を送ろうと思っていたのか」を振り返って考えてみてください。そして，今取り組んでいることは，何につながるのかを意識してみてください。

　また，時間がないからという理由で，せっかくのインターンシップやボランティアを断念することがありますが，しかし，もしもその話を受けていたら，思わぬ出会いがあり，就職につながっていたということもあるかもしれません。きっかけは思わぬところにあります。時間がないとすぐに判断せずに一日のスケジュールを見直すことから始めましょう。日々の生活を当たり前であると捉えずに，今大切なことは何か，しっかりと見極めて行動しましょう。

4. どんな保育者・教員になりたいのか

(1) 理想像を描こう

　あなたは今，自分がどんな保育者・教員になりたいかというイメージを描くことができるでしょうか。なぜこんなことを聞くのかというと，なんとなく保育者・教員になりたいと考えるよりも，自分はこんな保育者・教員になりたいという理想像をもっているほうが，これから自分がやるべきことがより明確になるからです。

　自分の理想とする保育者・教員である場合，その条件としてどんな必要項目があげられる

でしょうか。そして，それはすでにみなさんに当てはまることでしょうか。もし当てはまらないのなら，それがみなさんにとっての課題であり，これから獲得していく必要があります。その際，どうすればそれが獲得できるのかを考えましょう。方法がわからない場合は，周囲の人に相談してみるのもいいでしょう。実際にその職に就いている先輩から話を聞く機会があれば，ぜひ相談してみてください。

　このように，理想とする保育者・教員像がイメージできるということは，今の自分にとってすでにもっている力，足りない力を把握し，今後の課題を探ることができるのです。

(2) 目標とする保育者・教員を見つけよう

　自分にとっての理想像を考える場合，何もないところから考えるよりも，実在する人物を想像して具体的に考えたほうが，より明確にイメージしやすくなります。

　たとえば，「以前通っていた幼稚園・保育所・小学校の担任の教員に憧れて，保育者・教員になりたいと思った」という人は，その教員のどの点に憧れたのでしょうか。思い出してみてください。理由は忘れたけれど，なんとなく幼稚園・保育所・小学校が好きだったという人もいるかもしれません。もし自分のなりたい人物像が見つからない場合は，実際に幼稚園・保育所・小学校にボランティアやアルバイトなどで訪問し，さまざまな保育者や教員と出会う機会をつくりましょう。出会う機会は，なるべく多い方がよいでしょう。

　保育者・教員も，みな同じ考えをもっているわけではなく，それぞれの保育観・教育観をもっています。前節(2)でも述べましたが，いろいろな園や学校を見学することによって，さまざまな保育観・教育観に触れることができるのと同様に，多くの保育者・教員と出会うこともできます。異なる園や学校で異なるやり方があるのは当然ですが，同じ園や学校で働いている保育者・教員でも，異なる保育観・教育観をもっていることもあります。それぞれの考えをもったうえで，職員会議などで園や学校の方針に沿って意見を突き合わせることによって，園や学校全体でよりよくしていくための方策を練っていくのです。よって，いろいろな先輩方から話を聞いて，自分のめざすべき保育者・教員像をつくりあげていくことが望ましいでしょう。

　もし，自分とは異なる意見に出会ったとしても，なぜその人はそのような考えをもつようになったのかという背景を知ろうとすることも必要です。直接その人に理由を尋ねてみてもいいでしょう。その際は，相手を傷つけることのないよう，言葉を慎重に選ばなければいけません。いずれにせよ，自分はまだ保育者・教員の卵であるというこ

とを自覚し，現場の方々の意見を聞いた時はまず，素直に受け入れるという姿勢が大切です。

このような多くの出会いの中から，理想とする保育者・教員に出会うことができたなら，その人の姿を吸収していきましょう。すごいと感じる部分はどこなのかを具体的にあげてみましょう。あげられたら次に，それを真似てみてください。はじめは真似であっても，いつしか自分の習慣になり，理想像に近づくことができるでしょう。

5. 10年後，20年後の私はどうしてる？

(1) 自分の人生設計から逆算してみよう

みなさんは，こんな人がいたらどう思うでしょうか。ある仕事に就きましたが，自分には合わないと感じつつ，毎日の業務に追われていました。そのうち，新しい仕事に対する興味が芽生えたので，今やっていた仕事を辞めて新しい学校に入学。2,3年勉強した後で就職しましたが，今度の仕事も自分には合わなかったので，また新しい分野の勉強を始めて…。

このような生き方もよいという意見があるかもしれません。少し異なりますが，長く働いた仕事を辞めて新しい仕事に挑戦し，第二の人生を成功させたという人も多くいます。最初の例と何が違うのでしょうか。後者の例であれば，一つの仕事をやりきったうえで，次へステップアップしたということになるので，転職する状況も目的も異なります。自分のやりたいことを見つけるために，あらゆる可能性に挑戦するということは，もちろん大切なことでしょう。しかし，最初の例のように，興味をもったことへ向かってその場その場で動いていては，人生がいくらあっても足りません。"今"やりたいことを考えるだけではなく，一歩先を見据えて，今何をすべきかを考える必要があります。

10年後，20年後，みなさんはどのような人生を歩んでいたいでしょうか。前節の「なりたい保育者・教員」も踏まえて，この先の人生を設計してみましょう。仕事だけではなく，もしかしたら結婚や出産の目標も入ってくるかもしれません。この先10年，20年の人生設計をつくると，何歳の時に何をしなければならないか，そのためには今何をしなければならないかが見えてきます。つまり，人生設計をもとに，この先すべきことを逆算するのです。

(2) "石の上にも十年"!?

"石の上にも三年"という言葉がありますが，実際には10年はその職に就いてみなければわからないという人もいます。仕事を始めた頃は，自分の担当のクラスのことや，毎日の業務で精一杯で，せめて同じ学年のことは考えられても，他のクラスのことまで考える余裕はあり

ません。だんだん慣れてくると,全体に目を向けることができるようになり,園や学校の質を向上させるために何が必要かということまで考えることができるようになってきます。保育者・教員は,ただ自分のクラスのことだけを考えて保育・教育を行えばよいというのではなく,その学年や,園や学校全体を支えている一員であるということを自覚し,全体に対する責任をもたなければなりません。そこまで考えられるようになって,やっとその仕事のやりがいが見えてきたといっても過言ではないでしょう。

　以上のことを考えると,その仕事のやりがいを感じられるようになるまでには,かなりの年数がかかることが想像できるのではないでしょうか。よって,2,3年の経験であれば,仕事の流れがわかっても,まだその仕事を理解したとはいえないのではないでしょうか。その時点で苦しいことがあったとしても,もう少し踏ん張ってみれば,5,6年経った頃には最初の苦労を苦労と思えない日が来るはずです。そう思えるのも,これまでの苦労や努力の積み重ねがあったからこそであるので,始めの頃は,苦労は買ってでもするくらいの心持ちで,何事も取り組んでみましょう。

(3) 保育者・教育者たるもの,常に向上心をもつ

　保育者・教員になることが人生の目標であれば,その職に就くことができた瞬間,自分に満足してしまい,目標がなくなってしまうかもしれません。そうなれば,忙しい毎日をただこなすだけで,次の休日ばかりが楽しみになってしまうこともあるでしょう。また,大学や短期大学,専門学校に入学した当初は,「子どもに関わる仕事がしたい！」と,保育者・教員になることを熱く夢見ていたにもかかわらず,いざ就職活動となると,給料や休みの条件ばかりを気にしてしまう学生もよく見かけます。なぜ働くのかといえば,もちろん生計を立てるためでもあることは間違いありませんが,仕事をする目的はお金を得るためだけではありません。もしその仕事に対して充実感や喜びがなければ,ただお金を稼ぐだけの目的になってしまうでしょう。しかし,私たちは目の前の子ども一人ひとりの保育・教育という重要な役目を任されているということを決して忘れないでください。

　そこで,保育者・教育者たるもの,どうすれば目の前の子どもたちによりよい保育・教育ができるのかということを,常に考えなければなりません。子どもはみな同じではなく,学年によっても,クラスによっても異なるので,同じ活動を同じ方法で行っていても,反応は全く違うものになります。そのため,一度成功したからといって,次も同じようにすればよいというものではなく,今の子どもたちならどんな方法が適切か,目の前の子どもに

第1章　高等学校を卒業したら　9

合わせて方法も変える必要があります。当然、新任保育者・教員であれば、自然と毎回の保育・教育で新しい方法を模索していくかもしれませんが、ベテランになってくると、自分のやり方に自信をもち始め、考え方が固定されてしまうことも少なくありません。時代によって子どもたちも変わるので、これまでやってきた方法ではうまくいかないことも出てきます。そのため、今の子どもたちに合った新しい保育・教育方法が常に生み出されています。保育者・教員になったからには、いつもアンテナをはり、新しい情報を仕入れる一方で、自らも「この教材は使える」「よりよい活動方法がないか」「どの部分でうまくいかなかったのだろうか」といったことを意識し続けていき、ぜひとも新しい保育・教育方法を生み出す側になっていってください。みなさんの新しい考えが新鮮な風となって、これまで世間から良い方法だと思われていた保育・教育方法を見直すきっかけとなるかもしれません。

6. 保育者・教員になるために読んでおきたい本は？

(1) 必読書

　保育者養成校に行けば、『幼稚園教育要領』と『保育所保育指針』『幼保連携型認定こども園教育・保育要領』はかならずといってよいほど購入することになるでしょう。保育者・教員をめざすなら、手元に置いておくべきです。幼稚園教育要領をもとに全国の幼稚園は教育を行っており、保育所は保育所保育指針を、連携型こども園は教育・保育要領をもとに教育・保育を行っています。基本となっている考えをしっかりと理解し、学びましょう。

　小学校教員志望であれば、『学習指導要領』をもっておく必要があります。指導要領は、総則と、各教科に分かれています。なお、要領は文部科学省、指針は厚生労働省、こども園の教育・保育要領は内閣府のサイトでダウンロードすることも可能です。

◆ 文部科学省『幼稚園教育要領　解説』2008 年
◆ 厚生労働省『保育所保育指針　解説書』2008 年
◆ 内閣府　文部科学省　厚生労働省『幼保連携型認定こども園教育・保育要領解説』2014 年
◆ 文部科学省『小学校学習指導要領』2008 年告示　2015 年一部改正

(2) 実習へ向けて

　幼稚園実習・保育所実習へ行く前に、何のために実習へ行くのか、どのような流れで行われるのかなど、あらかじめ把握したうえで臨むべきです。また、実習では見学するだけではなく、子どもたちの前で実際に実習生が実技を行う場面も多いので、積極的に取り組めるよ

うに練習しておきましょう。よく行われるのはピアノ伴奏及び弾き歌いや絵本の読み聞かせ です。実習生の中には，実技が上手にできて，子どもたちが喜んでくれれば安心してしまう 人もいますが，それではただの自己満足です。なぜそれが必要なのか，それを行うことによっ て子どもにどんな力が育まれるのかという意義を理解しておく必要があります。やり方だけ でなく，それぞれの目的を把握したうえで行いましょう。

◆『幼稚園・保育所実習　ハンドブック』田中まさ子編／みらい／2011
　　実習は短い期間なので，あっという間に終わってしまいます。せっかくの機会ですから，しっかりと 準備をしておきましょう。実習に関する参考書はいろいろ出ていますから，自分に合ったものをもって おくとよいでしょう。
◆『実習に行くまえに知っておきたい　保育実技―児童文化財の魅力とその活用・展開―』久富陽子編／ 萌文書林／2002
　　保育現場でかならず扱われている「お話」「絵本」「紙芝居」「手遊び」「ペープサート」「パネルシア ター」「エプロンシアター」などの児童文化財について，それぞれの魅力と行う際の留意点，各年齢に対 してどのような作品を扱うべきかが説明されており，実習に行く前に読んでおくとよい本です。
◆『こどものうた200』小林美実編／チャイルド本社／1975
　『続　こどものうた200』小林美実編／チャイルド本社／1996
　　CDが出ているものもあり，CDにあわせて歌うこともよいですが，保育者のピアノに合わせて歌うこ とによって，その時間はより楽しいものになります。今のうちに一曲でもレパートリーを増やしておき ましょう。

(3) 文章力を身につける

　保育者・教員の業務の中には，連絡帳，園だより・校内新聞，指導計画，職員会議の議事 録など，実は「書く」という作業が予想以上に多くあります。実習中であれば，実習記録や 指導案を書いたり，実習終了後のお礼状を書いたりもします。日々の子どもたちの保育・教 育だけで精一杯であるにもかかわらず，さらに書類作成業務にてこずっていては，時間が全 然足りません。もし書くことにあまり慣れていないまま現場に出てしまえば，大変苦労するこ とになるでしょう。書く力をつけるためには，とにかくたくさん書いて慣れることです。今す ぐ始めてみましょう。

◆『保育者になるための 国語表現』田上貞一郎／萌文書林／2010
　　この本には，実習記録やお礼状，履歴書や園だよりに至るまで，保育者にとって必要な文章表現や書 き方や，保護者や子どもたちとの話し方などに関する情報が載っています。練習問題もついているので， 独学でも取り組みやすくなっています。
◆『これだけは知っておきたい わかる・書ける・使える 保育の基本用語』長島和代編／わかば社／2013
　　書くことに慣れている人であっても，現場で使う独特の言い回しや，専門用語の漢字が書けるように なっておかなければいけません。この本は，保育所実習での日誌や指導案でよく使われる漢字が，季節 ごとに出題されているので，漢字だけではなく，日誌の書き方としても参考になるでしょう。保育におけ

第1章　高等学校を卒業したら　　11

る専門用語の意味解説もついています。
◆『幼稚園・保育所実習　実習日誌の書き方』相馬和子・中田カヨ子編／萌文書林／2004
　　幼稚園や保育所実習におけるオリエンテーション，見学・観察実習，参加実習，部分・全日実習時それぞれにおける実習記録の書き方が，具体例とともに説明されている。悪い例と，その修正例も載っているため，実習生がどの点で間違えやすく，意識すべきポイントはどこかもわかりやすくなっています。実習に行く前に見ておくと，一日の実習の流れをイメージすることもできるでしょう。

カフェタイム（コラム）①

ちょっと知っておきたい　手遊びとは？

　ここでは手遊びを少し違った角度から考えてみましょう。それは，手遊びのなかに存在するさまざまな経験から，子どものために選択する方法です。たとえば，動物であれば，『パンダ・うさぎ・コアラ』『こぶたぬきつねこ』などをすぐに思い出せるでしょう。では，数量に関する手遊びはどうですか？　数であれば「すうじの1はな～あに…」で始まる『すうじの歌』，「いっぴきの～のねずみが～あなぐらに…」の『野ねずみ』，他にも『一丁目のどら猫』『一本と一本で』などがあります。また，量ならば，大きい，小さい，重いなどを連想する手遊びとして，『大きな栗の木の下で』『小さな庭』『おべんとうばこ』『大きなたいこ』などがあるでしょう。このように，数量だけでなく自然事象，物語，形など子どもの経験と照らし合わせながら手遊びを選んでいくことも遊びから学ぶ子どもを育てるにはとても大切となってくるのです。

第2章
大学生・短期大学生・専門学校生になる

　大学生，短期大学生，専門学生に対して，あなたはどのようなイメージや印象をもっているでしょうか。ドラマでみるような「自由」で「華やか」で「サークル活動にいそしむ」イメージでしょうか。親元をはなれて一人暮らしをし，友人と楽しく自由に交流したり，難しい専門的な授業や課題に取り組む姿でしょうか。

　では，大学，短期大学，専門学校とはどのようなところなのでしょう。大学生，短期大学生，専門学生とはどのようなものなのでしょう。また，充実した学生生活を送るためにはどのようなことが必要なのでしょう。本章では，これらのトピックを取り上げて，これまで過ごしてきた高校生までの学びや生活と大学・短期大学・専門学校生としての生活がどのように違うのかについてみていきます。また，充実した勉学や生活を送るための資源やアドバイスについてもお伝えしたいと思います。

1. 大学・短期大学・専門学校ってどんなところ
——高校までとどんなところが違うの

　大学，短期大学，専門学校がどのようなところであるかの理解を深めるため，まずは高校までの学校システムとの違いを知ることからはじめてみましょう。

　これまでの学校と，大学，短期大学，専門学校との大きな違いは「何事も自分で決める」という点にあると思います。たとえば時間割ですが，これまでの学校では選択科目などの多少の選択はあっても，ある程度決められた時間割に従って授業を受けていたのではないでしょうか。大学，短期大学，専門学校では，時間割自体を自分で組み立てていきます。科目には大きく分けて，自分が専攻する分野の「専門科目」と，一般教養を学ぶ「共通科目（大学によって呼び名は異なります）」があり，その中から自分の興味や関心に合わせて科目を取捨選択していきます。もちろん，この科目は必ず履修してくださいというものもあるので，すべてを選択するわけではありませんが，時間割を「自ら決める」ことができるのは最大の特徴であるとい

えます。

　また，授業に関する情報や学校生活に関する情報などは，自ら得ていかなくてはなりません。「休講情報」や「連絡事項」など，学内にある掲示板やインターネットを通じて登録を行い，学校からの情報を受信するシステムなどを通して確認する必要があります。それらの情報を見過ごしてしまっても，「自己責任」として対処されるので注意しましょう。

　また，大学などの教員は，これまでのように職員室や事務室などではなく，研究室と呼ばれる各自の部屋に在室していることが一般的です。学生に対するサポートや窓口も，支援の内容ごとに部署や窓口が決められています。学校によって呼び名は異なりますが，履修や学修などに関する窓口は「学生支援センターや教務課」，けがや病気，相談事など健康に関する窓口は「保健・相談センター」，進路や就職に関する窓口は「キャリアセンター」など，この他にもみなさんの学生生活をサポートしてくれるさまざまな支援部署がありますので，自分の学校の支援体制をよく理解し，自分が得たいサポートに合わせて上手に活用してください。

　大学，短期大学，専門学校では，「自分から」情報や支援を求めて動いたり，「自分で決断」していくことが求められます。生活でも学びでも「自ら」。これがキーワードです。この後の節では，この点に注目して，「学び」や「生活」がこれまでとどのように違うのかみていきたいと思います。

2.　充実した学生生活のすすめ―勉強編
―大学・短期大学・専門学校での学びとは

　大学，短期大学，専門学校での学びとはどのようなものであるのかを，これまでの学びとの違いや，大学，短期大学，専門学校で学ぶことの意義などからみていきたいと思います。

(1)「学習」と「学修」何が違うの？

　勉強することを，「学び」「学習」「勉学」などと表現しますが，大学，短期大学，専門学校での学びのことは「学修」と表現します。はじめて聞いたという方もいるかもしれません。この「学修」とは，これまでや一般的に使われている「学習」とどのような違いがあるのでしょう。

　それぞれの用語を国語辞典で調べてみると，「学習」とは (学校などで) 他の生徒と一緒に繰り返しながら基礎的知識を学ぶこと。一方「学修」とは一定の課程に従って知識を自分のものとして学びとること，とあります。どちらも「学ぶ」ということにかわりありませんが，「学習」が基礎的な知識を学ぶことに対し，「学修」は自分のものとして学ぶという点が重要であ

ることがわかります。もう少し詳しくみてみると，「習」には「ならう」「教わる」「教えられた通り練習する，覚える」という意味があるのに対し，「修」には「手を加え，整えてかたちづくる」「身につける」という意味があるようです。よって，大学，短期大学，専門学校での学びである「学修」では，知識や理論を習い享受するだけでなく，それを基に自ら学びを進め，さらに発展させ，自分らしく理解し形づくっていくことが求められます。このような学びを「主体的な学び」とか「能動的な学び」といい，この点が高校生までの学びと一番違うところです。大学，短期大学，専門学校では，授業＋α「自ら学ぶ！」これが合言葉です。

(2) 成績の仕組み「単位」をとるってなんだ？

大学，短期大学，専門学校での成績はどのようになっているのでしょう。成績の基準や評価は大学によって多少の違いはあるものの，多くの場合（「秀（S）」）「優（A）」「良（B）」「可（C）」「不可（D）」とあり，「可（C）」以上が単位が取得できる目安です。おおむね，合格基準は60点であることが多く，60点以下であると高校でいうところの「赤点」となり「不可（D）」＝「成績がつかない」「単位がとれない」ということになります。では，この「単位」とは何なのでしょう。

大学では単位制をとっています。各授業には合格することで得られる「単位」というものがあり，卒業までに獲得しなければならない単位数というものが決められています。卒業に必要な単位数を確認し，自分が獲得している単位数の合計をしっかりと理解しておくことが大切です。

単位を取得するうえでもう一つ覚えておかなければならない大切なことがあります。それは，単位が取得できる基準に関することです。これは，「大学設置基準」というものにおいて定められており，「1単位の授業科目を45時間の学修を必要とする内容をもって構成すること（第21条第2項）」となっています。通常，多くの講義科目が前期あるいは後期に分かれて開講されており（通年開講の場合もあります），それぞれの期は15回の授業回数で構成され（これも「大学設置基準」第23条で定められています），単位数は2単位であることが一般的です。

(3) 大学がある理由，大学・短期大学・専門学校で学ぶってどういうこと？

なぜ，大学での学びは「学修」とよばれ「単位制」をとり，たくさんの勉強をすることが求められるのでしょう。その理由を大学や短期大学がどのような機関であるのか，その機能や存在の理由からみていきたいと思います。

「学校教育法」によって大学設置の目的は下記のように定められています。

「大学は，学術を中心として，広く知識を授けるとともに，深く専門の学芸を教授研究し，

知的，道徳的及び応用的能力を展開させることを目的とする（学校教育法第83条第1項）」

　大学で学ぶということは，みなさんも自分が専攻する分野の新たな知見の発見に貢献する一人となることを意味します。よって，その分野の最先端の知識や技能をしっかりと把握し，授業で得た知識を予習や復習などを通して覚えるだけでなく，その内容について疑問を抱いたり，関連する内容について調べるなどして，自発的に積極的に学ぶことが求められます。これらの主体的で能動的な学びを通して，真の意味での内容理解が得られ，自分なりの理論の構築や理論の展開につながり，発想力や応用力が身につきます。このことを通して，一生かけて取り組めるテーマに出会うことができ，自分自身の専門性の追求と向上につながるだけでなく，専門分野の発展につながるのです。教員とともに専攻分野の新たな知見をめざして学びましょう。

3. より充実した学びのために
　　―学びの資源やポイントを知ろう

　大学，短期大学，専門学校で学ぶうえで重要なことは，基本的な知識や技術を覚えるだけでなく，その内容に対して疑問をもったり，授業と関連する事柄について調べたりする「主体的で能動的な学び」であることをこれまでみてきました。この節では，主体的で能動的な学びを進めるうえで役に立つ資源や，学びのポイント，心構えについてお伝えします。

(1) 主体的で能動的な学びへの道―素朴な疑問や想いを大切にしよう

　「主体的で能動的な学び」が大切だといわれても，どのようにそれを進めていいかわからず，不安に思った人もいるかもしれません。そんな人は，まずは次のことから初めてみましょう。

　ポイントは，難しく考えないことです。「なんでだろう」「どうしてだろう」「わからないなぁ」「不思議だなぁ」。自身のこんな素朴なつぶやきや疑問に目を向けることです。この素朴なつぶやきを無視せず，一つひとつ拾っていく作業が「調べる」ことであったり「聞く」という行動などに繋がり，「もっと知りたい」という新たな学びへと発展していきます。まずは，授業の中で疑問に思ったことや気になったことを小さなことでもすべて書き留めておき，そのことについてどんどん調べましょう。その際は，簡単にできそうな内容や，身近に感じる内容からはじめるといいですよ。実践あるのみです！

(2) 主体的で能動的な学びを続けるためのポイント―小さなことからコツコツと

　何事も，突然に行動や意識を変えることは大変難しいことです。行動や意識を変えるうえでのポイントは，「小さいことからコツコツと毎日続ける」ことです。しかし，毎日続けることが一番大変だったりします。みなさんダイエットが続いたことありますか。絶対やってみせる！　と熱い気持ちで決意して始めたのに，なぜ失敗してしまうのか。それは，いきなり無謀ともいえる目標（課題）を掲げているからです。熱が入るとついつい目標ややるべきことを高く設定してしまいがちです。しかし毎日続けるポイントは，「これだったら確実にできる」という「現実的な小さな目標」を，見栄を張らず欲張らずに立てることです。また，知りたいことややり遂げたいことなど，「最終的な目標を明確に」しておくことです。小さな目標から少しずつ難しい目標（課題）に移行していくことが成功のポイントです。これらのポイントは，行動や認知変容などの心理療法としても用いられている方法ですので成果は絶大です。ぜひ，無理のない小さな目標を立て，気になったことや身近なことについて調べたりふれたりすることからチャレンジしてみてください。頭で考えているだけでなく行動に移すことがポイントです！　気がつけば，授業を受けるだけでなく，授業をきっかけとして「自ら学び探求する」という，より進んだ深い学びの姿勢へと転換が図られているはずです。

(3) 主体的で能動的な学びを支えてくれる資源―知りたいに答えてくれるもの

　わからないこと，不思議だと思ったこと，そんな素朴な疑問にどのようにアプローチしたらよいのでしょう。教科書を読み直す，ノートを見返す，教員に質問する，友達と話し合う，図書館で調べるなど，いろいろな方法が考えられますが，ここでは授業をきっかけとした一歩進んだ学びという視点から考えてみたいと思います。

　その際に役立つのが，図書館や博物館，生涯学習センターなどの公共教育施設や，インターネットなどです。特に図書館は大いに私たちの学びを助けてくれます。大学，短期大学，専門学校の図書館は，これまでの学校の図書館とは比べ物にならない量の書籍を所蔵しています。大学図書館では学部や学科の専門分野に関連する書籍をはじめ，最先端の論文を読むことができます。また，これらの蔵書は，各大学，短期大学，専門学校が独自のスタイルで収集しているもので，同じ専門分野であってもその収集内容はそれぞれの学校ごとに異なっていることが特徴です。もしも，自分の学校に読みたい書籍が所蔵されていない場合には，他大学の図書館や公共図書館から取り寄せて読むことができます。図書館は知の宝庫です。知りたいことがきっとみつかります。どんどん活用しましょう！

　近年では，情報を得る，調べる身近なツールとしてインターネットが普及しています。図書館に行かずとも，気軽に知りたい情報にアクセスでき便利です。気になったことはどんどん

調べてみましょう。しかし，手軽に知りたい情報を調べることができ，情報にアクセスできる分，膨大でさまざまな情報であふれています。なかには不確実な情報や間違った情報が混じっている場合も多いので注意が必要です。自分が知りたい情報，正しい情報を「選んで得る」必要があります。ぜひ，インターネットだけでなく書籍の情報などもあわせて，総合的に情報を収集することを心がけましょう。また，机の上での勉強だけが「学修」ではありません。さまざまなところへ出かけて行き体験的にからだをつかっても学びましょう。ボランティアや実習，実験などもその一つです。からだをつかった学びは「体験」そして「経験」として残るので，頭をつかう学修とはまた違った楽しさがあります。のびのびと自分がやってみたいことに挑戦してみましょう。

(4) 主体的で能動的な学びの先に―学び方を学ぼう

　主体的で能動的な学びを身に着けるということは，自分にあった学び方や情報収集の仕方を知るということでもあります。社会では答えがない課題にぶつかることばかりです。その際に，どのようにそのことを解決していくか，また最善の策を考えていくためには，より良い情報の収集や自分なりに考えていくことが大切です。授業から生まれた疑問や興味などにアプローチしていく「主体的で能動的な学び」を実践することを通して，「学び方を学ぶ」ことが大学での学びのもう一つのめざすところであると思います。主体的な学修は，その方法を探していく過程でもあります。

　学問には本来切れ目がなく，これぐらいやれば十分ということはありません。永続的で無限の世界が広がっているので，知識や理論を覚えることはもちろん重要ですが，それだけに留まるのではなく，その理論に至るまでのプロセスに着目して学ぶことが大切です。その過程を楽しむことで，そこから見える多角的な視点に気づくことができ，考え方やアプローチの仕組みを学ぶことができます。このことは，これから先，課題や困難に立ち向かうための礎となります。学生時代に自分の考え方のクセや思考の仕方，自分にあった勉強の方法やより良い情報収集の仕方について知ることが大切です。自分にあった「学び方を学ぶ」ことや「プロセスを感じる」ことを大切にして，学びを楽しんでほしいと思います。

4. 充実した学生生活のすすめ―生活編
―大学・短期大学・専門学校を楽しもう

　大学，短期大学，専門学校は学びの場であり，出会いの場であり，発見の場であり，自らを成長させてくれる場所でもあります。この大学時代という時間を有意義に愉しく充実して

過ごすためのポイントについてみていきたいと思います。

(1) いろいろなことにチャレンジしよう

　学生生活では授業だけではなく，サークルやアルバイト，学園行事やボランティア活動など，人と関わる機会も，さまざまなことに挑戦，体験できる機会もあります。やるべきこともたくさんあって大変ですが，一番自由で何にでも挑戦できる時間も環境もあります。この時間をフルに活用し，興味があることや，やってみたいこと，何かあるかもしれないと思ったことには積極的にチャレンジすることをお勧めします。

　体験（経験）することではじめてわかることや気づくことは多くあります。またその体験と経験を通してどのように感じたかを振り返ることが大切です。失敗することに対する不安が大きい人もいると思いますが，失敗を恐れず勇気をもって飛び込むことが大切です。頭で考えるだけでなく行動に移し，失敗を恐れずチャレンジすることで見えてくるものがあります。これらの挑戦や経験にムダなことは何もありません。

　新しい自分や今まで気づかなかった才能に出会えるかもしれません。また，さまざまな活動で知り合った人たちとのつながりや経験が，将来のどんな場面に生きるか，つながるかわかりません。何もしないなんてもったいないことです。新しい体験や挑戦が新しい次の自分につながります。失敗しても大丈夫！　失敗したらまたやればいいのです。それが許されるのが学生時代です。この特権を生かして，さまざまなことに挑戦，経験し，新しい世界と新しい自分に出会いましょう！

(2) 自分を知ろう，「私」を知るには他者と話すしかない

　学生時代は誰しもが自分と向き合い，自分に対して悩む時期でもあるのです。将来何になるか，きちんとした人生を送れるか，自分らしさって何か。そのようなことを自問自答します。そしてその答えをみつけていくことが青年期の課題であり，醍醐味でもあります。心理学では，みなさんが過ごしている，まさに今の時期を青年期と呼んでいます。エリクソンは，青年期とは「自分とは何者であるか」を探り，自分と向き合う時期であるといっています。

　自分について知るには一人になって自分自身と向き合うことは大切です。しかし同じぐらい他者と交流することが重要です。なぜなら，自分では気がつかない，知らない「私」を友達は知っているからです。友達や他者が知っている「私」について聴くことで，自分ひとりでは見えてこない「私」に出会うことができます。これは人と交流することでしか得られないものです。赤ちゃんが「自分の存在」に気がつくのは他者がいるからです。周りに人がいて，関わりあうことではじめて「あなたとは違う『私』」という存在に気づくことができるのです。

自分だけが知っている私と友達が知っている私を融合させていくことで,自己理解が深まります。誰かと関わり交流することは自分自身を知ることにつながります。

また,いろいろな人と関わったり,さまざまな文化や社会に接し,その中で自分を振り返ったり,見つめることが重要です。そしてその中で「自分なりの」答えをみつけることが大切です。悩む内容や解決策は人それぞれです。なぜなら悩みや不安は「私だけのもの」だからです。自分と向き合い友達と語り合いながら「私」と「私なりの」答えを探しましょう。

(3) やりたいこと,将来のこと,いっぱい悩もう

将来のこと,勉強のこと,友人関係など,学生生活を始める中で生まれてくる不安や悩みも多くあります。勉強を始めたことで,自分のやりたいことや将来の道がわからなくなったり,学校が合わないと感じたり,そこまでではなくても勉強がむずかしくて挫折しそうに思い,悩んでいる人がいるかもしれません。そのようなときは,まず今やらなければならないことに一生懸命取り組むことが大事です。やるべきことがたくさんありすぎる場合には,やるべきことを書き出してリストを作り,すぐやることから順位を付けていきましょう。焦りは禁物です。落ち着いて,やるべきことに一つひとつ向き合いましょう。たとえ目の前にあるやるべきことが自分が望んでいることと違っても,そのことを突き詰めていけば必ずその中に興味がもてるものがみつかるはずです。

やりたいことや目標が明確にあって,それに向かって頑張れることは素晴らしいことです。しかし,目標がなかなか浮かばない,やりたいことがわからない,そんな人もいると思います。明確な目標がなくても,何かやってみることで道が開けることもあります。なぜかわからないけど気になる,何か意味があるかもしれない。そんな小さな気づきや出会いに目を向けチャレンジしてみた先に,やりたいことは待っていてくれるはずです。やりたいことは,頭の中だけで考え探すものではなく,体験し経験することや交流することからも見出されます。

大切なことは,その時に自分なりにやりたいことに対して向き合うことです。また,誰かに助けてもらったり教えてもらったりする中で道は開けていきます。その過程を楽しみましょう! 一生懸命取り組んだことや精一杯悩んだことは自分の力となり糧になります。そして最後は自分で決断することです。

5. より充実した学生生活のために
─身体もこころも健康で過ごすために

(1) 健康のもとは睡眠にあり

　充実した楽しい学生生活を送るためには，まず健康であることが大切です。健康の維持には食事や睡眠，適度な運動などが重要であるといわれていますが，なかでも睡眠は特に大切なものです。このところ，大学生，短期大学生，専門学校生を対象にした睡眠に関する調査などで，学生の睡眠時間が短いことが指摘されています。学生は，課題やレポート，サークルやアルバイト，ゲームやスマートフォンによる交流など，やるべきこともやりたいことも多く，これらのことを24時間の中でやりくりするために睡眠時間を削る傾向にあるようです。その結果，平日の睡眠時間が4～5時間という学生も多く，そのために授業時間中，眠気におそわれ居眠りをしてしまうというケースがみられています。また，このような学生にはもう一つ特徴があり，休日やアルバイトなどが休みの日に，平日の睡眠を補おうと10時間以上眠る，いわゆる「寝だめ」という寝方をしていることです。まずは，しっかり眠る！　健康でよりよい勉強，生活のために寝ることからはじめましょう！　睡眠リズムの改善には，しっかりと朝日を浴びることが効果的です。また，寝る時間が遅くなった場合でも朝は決まった時間に起きることを心がけましょう。

(2) よりよい人間関係のために

　新しい社会や環境に飛び込む時，人間関係をうまく築くことが出来るかということに不安を抱く人は多いと思います。学生生活では学校での人間関係の他にもサークルやアルバイト，ボランティアなど，人間関係がさまざまに広がっていくこともあり，それぞれの場面で人間関係を結んでいくことが必要です。しかし，人間関係を結んでいくことに苦手意識がある人にとっては，そのような場に行ってみたいけど不安の方が大きく出かけられない場合も多いようです。そんな人は，「笑顔で挨拶する」ことからはじめましょう。人間関係の始まりは微笑みです。赤ちゃんが社会性や関係性を育んでいく最初は「微笑み」であることからも分かるように，微笑みには相手を和ませ警戒心を解く働きがあります。自分からなかなか相手に近づけない。そんな人はまず明るい声で挨拶をしましょう。そして相手に向かって微笑んでみましょう。これでファーストステップはクリアです。

　もう一つ良好な関係を築く上で大切なことは，相手の話をよく聴くということです。自分のことを話すのは苦手という人。まずは相手の話をよく聴きましょう。またその際に大切なことは，身体を使って聴くということです。はっきりとしたうなずきや，あいづち，目を見て話し

を聴くなどの姿勢はカウンセラーの傾聴の極意です。うなずきやあいづち，しっかり身体を相手に向けるなどにより，会話量が増大することがわかっています。相手に「しっかりと話を聴いているよ」ということを示すことが大切で，そのことにより相手は信頼して話をしてくれます。その中から，気になったことや興味のあることを話題にして質問してみましょう。話が広がるはずです。コミュニケーションの中には，言葉によるものと言葉以外の身振りや声のトーンなどの非言語によるものの２種類が含まれています。コミュニケーションの中で私たちが言葉から受け取る情報はたった7％にしかすぎません。残り93％は，表情や態度などの非言語からの情報によるものです。だから話下手でも大丈夫！　大切なことは話している内容にプラスして，その時の相手の表情や声のトーンに合わせて，うなずいたりあいづちを打ったりしていくことです。しっかりと相手の話を聴くことが上手なコミュニケーションのポイントです。まずは臆せず飛び込んで，笑顔で挨拶！　相手の話をしっかりと聴くことからはじめましょう。

(3) ストレスとの付き合い方

　学生になることから始まる，一人暮らしや専門的な勉強などの環境の変化は，負担を伴うものでもあります。大きな生活や環境の変化はストレスになることが知られています。また，満員電車での通勤や，友人関係，騒音などの日々の些細な出来事からくるイライラはデイリーハッスルズと呼ばれており，これらの小さなストレスの積み重ねも，ライフイベント（入学・卒業・就職・結婚・子育てなど）の変化と同様に大きなストレスになることが知られています。このようなストレスに上手に対処できないと，大きなストレスとなって心身の不調の原因となったり，うつ病などの発症につながる場合もあります。特に大学生，短期大学生，専門学校生になりたての頃は，通常の生活以上にストレスとなり得ることにあふれているので，ストレスを上手に解消し，ストレスと上手に付き合っていくことが大切です。

　ストレスへの対処には，人それぞれ自分にあった対処法があります。たとえば，お菓子を食べる，音楽を聴く，カラオケに行く，そのことを考えないようにするなど，ストレスとなることと距離をとったり気分転換になるような対処法や，原因を考える，対策を立てて実行するなど，ストレスとなることに対して直接働きかける対処法があります。どんなものが自分にとってストレス解消になるか，思いつくものを書き出してそれを一つずつ試してみることをお勧めします。むずかしく考えずに思いついたものを実践してみましょう。ストレス対処法はいろいろありますが，自分に合った解決策を組み合わせて実践しましょう。人に相談したりグチをこぼしたりして援助を求めることも，とても良い方法の一つです。ポイントは，さまざまな対処法を組み合わせて実践することと，ストレスによって対処法を使い分けることです。

また，ちょっとしたイライラには呼吸法がお勧めです。呼吸法はリラクセーション法の基本であり，深くゆったりとした腹式呼吸により，ストレスからくる身体の緊張を緩和したり，イライラした気分を和らげるのに効果があります。誰でもどこででも簡単に実践することができるのでぜひためしてみてください。

ちょっとひと息
(1) 鼻から息を吸い，お腹を膨らませる（4〜5秒）。いったん止める（1〜2秒）
(2) できるだけゆっくり時間を掛けて息を吐き出し，吐き切る（15秒）
　※息を吸うことよりも息を吐き出すことを意識しましょう
　※息を吐きながら身体の力を抜くイメージで行いましょう

カフェタイム（コラム）②

ちょっと知っておきたい　保育室の飾り付け

　保育所や幼稚園に出向き，子どもたちの作った可愛らしい製作物や絵画，カラフルな壁面飾りをみていると，心がパッと明るくなります。よくみると，保育室の飾り付けには，たくさんの工夫がなされています。たとえば，子どもたちが6月にカタツムリを製作した際，教員は，カタツムリが住む紫陽花を画用紙で作り，子どもたちの作品を引き立てていたり，10月にどんぐりや落ち葉拾いをした際には，それらの自然物を使った飾りが置かれています。また，窓を開けるとユラユラと風に揺れるモビール飾りや，油性のペンでクリアファイルに模様を描き窓に貼るとステンドグラスにもなり，風や光を楽しめる空間を作ることができます。そうした様子を見ていると，保育室の飾り付けには，保育者の意図があるということに気がつきます。幼児教育は，「環境を通して行う教育」を基本としており，子どもたちが主体的に環境と関われる飾り付けをぜひともめざしてください。

第3章
保育・教育系大学及び短期大学，専門学校に入学したら

1. 保育・教育とはどのような世界なのか

　みなさんは，保育士になりたい，あるいは幼稚園教諭になりたいという夢や希望をもって保育や教育系の大学などに入学を希望されているのだと思います。そのきっかけは，自身の「幼稚園・保育園時代の教員にあこがれて」または「子どもが好きだから」という気持ちからという人も少なくはないでしょう。では，「子どもが好き」なことや「あこがれ」だけで保育士や幼稚園教諭になれるでしょうか。乳幼児期の保育や教育については，幼稚園の教育内容の骨子を示した「幼稚園教育要領」や保育所の保育の内容とそれに関連する運営に関する指針を示した「保育所保育指針」があげられます。それらを読み，幼稚園教育や保育所保育とはどのようなものか考えてみましょう。

幼稚園教育要領
第1章総則　第1　幼稚園教育の基本（抜粋）

　幼児期における教育は，生涯における人格形成の基礎を培う重要なものであり，幼稚園教育は，学校教育法に規定する目的を達成するため，幼児期の特性を踏まえ，環境を通して行うものであることを基本とする。

　このため，教師は，幼児との信頼関係を十分に築き，幼児が身近な環境に主体的に関わり，環境との関わり方や意味に気付き，これらを取り込もうとして試行錯誤したり考えたりするようになる幼児期の教育における見方・考え方を生かし，幼児と共によりよい教育環境を創造するよう努めるものとする。
（中略）
　その際，教師は，幼児の主体的な活動が確保されるよう幼児一人一人の行動の理解と予想に基づき，計画的に環境を構成しなければならない。この場合において，教師は，

幼児と人やものとの関わりが重要であることを踏まえ，教材を工夫し物的・空間的環境を構成しなければならない。また，教師は，幼児一人一人の活動の場面に応じて，様々な役割を果たし，その活動を豊かにしなければならない。

保育所保育指針

第1章総則の1　保育所保育に関する基本原則 (2) 保育の目標

ア　保育所は，子どもが生涯にわたる人間形成にとって極めて重要な時期に，その生活時間の大半を過ごす場である。このため，保育所の保育は，子どもが現在を最も良く生き，望ましい未来をつくり出す力の基礎を培うために次の目標を目指して行わなければならない。

(ア) 十分に養護の行き届いた環境の下に，くつろいだ雰囲気の中で子どもの様々な欲求を満たし，生命の保持及び情緒の安定を図ること。

(イ) 健康，安全など生活に必要な基本的な習慣や態度を養い，心身の健康の基礎を培うこと。

(ウ) 人との関わりの中で，人に対する愛情と信頼感，そして人権を大切にする心を育てるとともに，自主，自立及び協調の態度を養い，道徳性の芽生えを培うこと。

(エ) 生命，自然及び社会の事象についての興味や関心を育て，それらに対する豊かな心情や思考力の芽生えを培うこと。

(オ) 生活の中で，言葉への興味や関心を育て，話したり，聞いたり，相手の話を理解しようとするなど，言葉の豊かさを養うこと。

(カ) 様々な体験を通して，豊かな感性や表現力を育み，創造性の芽生えを培うこと。

イ　保育所は，入所する子どもの保護者に対し，その意向を受け止め，子どもと保護者の安定した関係に配慮し，保育所の特性や保育士等の専門性を生かして，その援助に当たらなければならない。

　このように，保育や教育には，単に子どもと楽しく遊ぶことにとどまるのではなく，乳幼児期の子どもの成長や発達を促す大切な役割があります。遊び一つをとってみても，計画や指導案に基づいて行ったり，活動の場面での子どもの言動についての意味を探ったりするなかで，子ども一人ひとりの成長や発達を促進していかなければならないのです。また，子どもの日々の安全や心身の状況を確認するなど，基本的な点にも気を配ります。子どもの成長や発達を確認するためには，子どもの発達についての基本知識なども必要となってくるでしょう。

さらに，子どもだけではなく，その背景にある家庭の状況の把握など保護者の対応や援助も保育士や幼稚園教諭の重要な役割の一つです。そのためには，現代社会の状況をよく知るとともに保護者支援の方法を学ぶことも重要になってきます。保育者自身の態度については，子どもと関わる時，常にその言動が子どもの権利を保障しているものになっているのか吟味し，自己を振り返ることも大切です。その際には，他の保育者や専門家などとの連携や協力をしなければなりません。

　自己流の声かけや関わりでは子どもの大切な乳幼児期の日々を支える仕事はできません。そこで，大学などで科学的に裏付けられた学びを通して実習を経て学ぶことが必要とされています。これから，みなさんは，このような保育・教育の世界に飛び込んでいこうとしています。「子どもが好き」「子どもと関わる仕事がしたい」という熱い情熱とこれから直面するであろう多くの学びを冷静に受け止め，大いに悩み子どもや保護者に信頼される保育者になられることを期待しています。

2. 単位とはどのようなものか

　大学などの授業は単位制であり，卒業に必要な単位数，資格や免許に必要な単位数などが決められています。授業はそれぞれの内容や形態，期間（半期・通年）によって1単位，2単位となっています。ある授業は，1年を通して行う通年（全30回）で2単位，ある授業は，前期あるいは後期だけの半期（全15回）の科目で2単位などさまざまです。また，通常の授業期間

表3-1　授業期間の説明

通年科目	1年を通して行う科目（全30回）
半期科目	前期または後期の半期で行う科目（全15回）
集中講義	通常の授業期間ではない時期に行う授業（長期休暇中に行うまたは実習など毎日連続して行う科目）

表3-2　授業形態

講　　義	教員が中心になって授業を行う
演　　習	学生がディスカッションなどを通して学ぶ授業
実　　技	体育などの授業
実　　習	学外の施設（幼稚園・保育園など）に行き，体験的に学ぶ授業

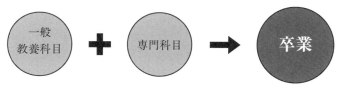

図 3-1　大学などの卒業のイメージ

ではない時期に行う集中講義などもあります。

　大学などの卒業のイメージは，図 3-1 のようになります。一般教養科目とは，社会人としての教養や柔軟な思考力を身につける科目であり，この一般教養科目群の中から必要な単位数を履修することになります。一般教養科目は，体育実技や英語などの語学，心理学や文学などです。これらの中から自身が興味のあるものを数科目選択し，卒業年次までに必要な単位数をとることで卒業の要件が満たされることになります。専門科目とは，実践で活用できるような専門知識や技術に関する科目であり，保育者をめざす場合には，保育原理，保育内容，保育の心理学，教育相談，幼稚園実習などが相当します。それぞれの大学などで定められた要件や単位数を個々人で計算し，履修計画を立てましょう。なお，単位の認定は，授業科目を履修し，試験などを行ったうえ各授業担当者が決定します。試験の内容は，定期試験，実技，レポート，作品提出など授業の内容によっても違います。

3.　90 分の講義はどのように展開するのか

　高校までは，50 分の授業を受けてきたみなさんは，大学などに入学すると 90 分の授業を受けることになります。50 分の授業でも長いと感じていたかもしれませんが，これからは，さらに 40 分長い時間を一つの授業として受けることになります。大学などの授業は，主に教員が全体に向かって話す「講義」と履修者が中心となってディスカッションなどを通して学ぶ「演習」とに分かれます。「講義」では，高校までのようには初めから教科書を丁寧に読みながら行うというものではなく，教員の作成したシラバスと呼ばれる授業計画に基づいて行われます。したがって，教員の話を聞いてメモをとったり，場合によっては映像資料などを見ながら理解していく授業です。教員によって，授業の方法は教科書をメインに使う，独自のプリントに従って進めていくなどさまざまな形態で行われます。第 1 回目の授業時に行われるオリエンテーションなどで，それぞれの授業でどのようなものが必要なのか説明があります。それを確認しておくとよいでしょう。授業は 90 分と長いですが，90 分間ずっと講義をしている場合もあれば，DVD などの視聴覚教材を使って学習する場合もあります。教員によっては，

図 3-2　90 分の授業の内容例（講義系の授業の場合）

本題に入る前に最新の文献や新聞などを用いた新しい情報について説明する場合もあります。大切なことはメモに残し，日々の学習に活用しましょう。なお，大学などの講義では，教員が板書をすることは少ないです。教員が話したことを各自わかりやすくメモをし，整理することが求められます。

4.　いつももっていないといけないものとは
　　（学生証・携帯電話・筆記用具など）

　大学などの学生がいつももっていなくてはいけないものとは，どんなものでしょうか。

(1) 学生証

　学生証はあなたが通う大学の学生であるということを公的に示すものですから必ず携帯しましょう。学生証は，大学などへの電車通学の定期券の購入時学生であるため割引がきく学割（学生割引）の証明書になります。その他，さまざまな学割の際の証明となるので常時携帯しましょう。また，学内では定期試験のとき，学生証をもとめる大学などがあります。忘れると再発行の手続きをしなければ受験できない場合もあるので注意しましょう。学生証が大学などの日々の出席に求められたり，図書館利用証としての機能を併せもつ大学などもあるでしょう。成績証明書や在学証明書の交付などを申し込む際にも必要となります。

(2) 図書館利用証

　第 6 章でも触れられている通り，大学などの図書館を利用する際には図書館利用証が必要となります。大学などによっては，蔵書を借りる以外にも図書館の出入り口にセキュリティー機能があり利用証をかざしたり，機械に通したりしなければ入退場できないということもあ

ります。図書館には，蔵書を読んだり，借りたりするだけでなく，ミーティングルームなどを有している場合もあり，そこで授業を行う，ゼミなどの話し合いをするということもあるでしょう。利用証を忘れると蔵書を借りられないばかりか授業に参加できない場合もあるので注意しましょう。なお，前述のように学生証が図書館利用証になっている大学などもあります。

(3) 携帯電話・スマートフォン

　高校生のころから携帯電話・スマートフォンをもっているという人も最近は増えてきています。携帯電話・スマートフォンは，電話やメールを発信・受信する，さまざまなことを検索するのにとても便利なアイテムです。一般的にも携帯電話・スマートフォンの普及率が増大し，大学などでもインターネットを利用して大学のお知らせなどを発信することが増えてきています。たとえば，休講・補講の掲示，災害時や緊急時の知らせなどを携帯電話・スマートフォンで検索できるシステムを構築していることなどです。また，メールも一般的になっていることから大学などでのメールアドレスが各自に振り分けられ，学生同士また教職員との連絡用に用いられます。授業中の携帯電話・スマートフォンの利用は禁止ですが，大学などでのさまざまな連絡や情報入手を瞬時で行うことができます。大学などによっては，携帯電話・スマートフォンを利用して出席確認を行うところもあります。

(4) 筆記具など

　授業時，またさまざまな場面で筆記具は必要となります。筆記具などを収納する筆箱にはどのようなものを入れておくとよいでしょうか。シャープペンシル，ボールペン，赤・青などの色ペン，蛍光マーカー，消しゴム，修正テープなどが一般的です。このほか，学生がもっていると便利なものに，テープのり，印鑑，ホチキス，USBがあげられます。USBはこれまで利用した経験が少ない人もいるかもしれませんが，大学などでは，レポートを提出したり，パソコンで作成したものを発表するなど授業の関連で文書を保存したり，メールで送ったりする際必要となりますから少なくとも一つ以上は用意しておくとよいでしょう。レポート提出の際にホチキス留めは，必須です。毎日もち歩く必要はありませんが，提出時の留め忘れの際にあると便利でしょう。保育士や幼稚園教諭をめざすみなさんは，このほかハサミや色鉛筆，クレヨンなどいつでももっていけるよう自宅に用意しておくとよいでしょう。

(5) 教科書，ノート，ルーズリーフなど

　高校の時とは違い，大学などには，おのおのの机やいすというものはありません。授業もさ

第3章　保育・教育系大学及び短期大学，専門学校に入学したら　29

まざまな教室で行われます。そのため教科書類は常に持参しておいてください。曜日ごとに科目が異なり使う教科書が違うと思います。毎日必要となる教科書のチェックをしてから出かけましょう。ノートやルーズリーフ，ファイルなどは，授業によって必須となるものは異なります。各授業の教員の指示に従ってください。

カフェタイム（コラム）③

学生生活における 非常（事態）時の対応とは

みなさんの学生生活のなかでは，前ぶれもなく突如として起こる緊急の出来事も生じます。また学内で火災や地震が発生した場合には，以下の注意事項を守るようにしましょう。教員の指示に従いながら慌てず騒がず対処しましょう。自分の身体は自分で守ることが防災教育の第一歩になります。

【火災・地震のとき】
① 「火災」が発生した場合は，まず非常警報が鳴り，非常放送があるので，冷静にその指示に従ってください。避難する場合には，各室の火気の安全を確認し，出口に殺到しないよう，煙はできるだけ吸わないよう十分気をつけてください。
② 「地震」が発生した場合は，火気を止めドアを開けて，机の下などに身を伏せ放送などの指示を待ってください。大地震の主震動は1分ほどで終わるので，状況をみてその後に避難してください。落下物に気をつけ，あわてて外に飛び出すことのないようにしてください。
③ 避難するときは手荷物類を一切もたずに，階段を利用し，エレベータは絶対に使用しないでください。

緊急事態発生時の授業・試験などの取り扱い 　緊急事態（天候・交通機関など）が発生した場合の授業・試験などの取り扱いについては，大学などの学内放送・ホームページなどで知らせてくれることが多いと思います。まめに確認するようにしましょう。

【台風のとき】
台風接近時に限り，授業などの実施について，「開講」または「休講」の通知を

ホームページなどで公表します。まめに確認するようにしましょう。

【気象に関する警報など】(ある大学の場合)

　各時限の授業開始2時間前から終了時間までの間に，警報下に置かれた時間帯があった場合，その時限の授業を休講とする。各時限の授業開始2時間前から終了までの時間帯の途中で，警報が解除された場合でも変更しません。

　　※台風や大雪など，気象状況が時間の経過とともに悪化し，数時間後には警報の発令が充分予測される場合，休講の措置を行うことがあります。
　　※休講となった授業は補講が行われます。補講については授業担当者の指示を受けてください。
　　※授業が行われる場合においても，自宅地域において警報が解除されていない場合や，通学に安全でないと判断される時は，無理をせずに待機すること。この理由により授業に欠席や遅刻となった場合には授業担当者にその旨を報告し，指示を受けてください。

5. 必ずシラバス (Syllabus) を見てみよう！履修登録を忘れずに

　履修する科目を決めたらまず，シラバスを見てみましょう。シラバスとは，授業を担当する教員がその授業科目の達成目標や概要，成績評価方法，授業計画について記載した文書です。みなさんが履修する科目を選択し，学修計画を立てるよりどころになるものです。大学などでの学びを有意義にするためにシラバスに記載されている授業内容をよく理解し，各回の授業内容の確認や予習復習など事前準備をして授業に臨みましょう。

6. 履修登録の流れと登録の確認

　大学などでは，新入生オリエンテーション・在学生ガイダンスなどで履修登録の説明を行っています。履修の手引きやシラバスの一覧表を配布していますが，説明会には必ず参加して履修に関するさまざまな事項について説明を受けましょう。履修の手引きを参照しながら，1年間の履修計画を立てます。履修科目には，必修科目と選択科目があります。前述した

ように，資格や免許に必要な科目の履修を忘れずに履修登録しましょう。履修計画を立てたら，履修登録期間内に登録することが求められます。履修登録期間は，受講科目を検討する期間でもあります。初回から履修予定の授業に出て，授業の様子を確認しましょう。授業担当の教員も履修登録に間違いがないか確認しますが，履修登録控えや My 時間割を作成するなどして自分が履修する科目を確認しましょう。

7. 成績・評価について知っておきたいこと

　大学などでの学修は，各自の主体性に委ねて教育を行うことから単位制を取っています。各学年に配当された授業科目を修業年限（短期大学2年間，大学4年間）以上の在学中に大学が必修と定めた単位を含めて，定められた卒業要件単位以上の単位を取得すれば卒業できるものです。保育・教育に関する免許・資格は，卒業要件単位とは別に，それぞれの要件の単位を取得することが必要になります。単位認定は，それぞれの授業科目において，試験やレポート提出，実技などの方法での成績評価で行われます。

　大学などにおける成績は，授業担当の教員が定める評価基準に到達しているかどうかで評価されます。成績は，成績通知表をもって所定期間内に通知されます。成績通知表や履修が確認できるものは大切に保管し，卒業・資格・免許について，どれだけの単位を取得したのか，取得できていない科目は何で，どのくらいの単位が足りないのかなど，しっかり把握しておきましょう。

第4章
いろいろな講義を知っておこう

1. 講義に出席すること

　保育者・教員は，未来の子どもを育てるという，とても大きな社会的使命を担っています。
　具体的には，子どもの人格形成や成長に寄り添い，その可能性を開かせるということになるでしょうか。そのためには保育者・教員として，豊かな知識や技術の修得はもちろんのこと，人間として成長し続けることが必要になります。これらを心得て学ぶ姿勢を正しましょう。保育者・教員への第一歩は，講義に出席することから始まります。
　保育者・教員になるためには，大学の課程を修了することに加えて，保育者・教員に必要な資格や免許を取得するための科目を履修することが必要です。資格や免許を得るためには，どのような科目を履修しなければいけないのかよく理解しましょう。
　学位を修得するための科目（基礎教育科目）としては，外国語，情報処理，文化，スポーツ，心理などがあります。日々変化している現代社会に対する理解を深めることや，社会の中で生活したり，仕事をしたりするのに必要な知識を得るために学びます。これらの基礎教育科目を履修したうえで，資格・免許を取得するためには，以下のような専門教育科目を履修する必要があります。
　幼稚園教諭，保育士での専門教育の履修科目には，次のようなものがあります。「原理，福祉系の科目」保育や教育あるいは，福祉の意義や役割，現代における制度などを学びます。「心理，保健，栄養系の科目」子どもが人として生きるための諸能力を獲得する過程や発達の道筋，そのために必要な事柄などについて専門的に学びます。「保育内容系・教育内容系の科目」保育では内容の5領域に関わるもの，教育では教科の指導法など，子どもの活動をどのように引き出し，どう援助するのか，教科をどのように指導するのかなど，子どもとの関わり方を具体的に学びます。「音楽，図画工作，体育系の科目」 保育・教育の技術を支える基礎的な技能を磨き，感性を高めるための学びです。実際に音楽を奏で，作品を作り，身体を動

かすなどして実践的に学びます。「保育・教育実習」保育者，教員になるためには，大学など
での講義や演習に加え，現場での実践を通して学ぶことが重要です。子どもの姿や現場の保
育者・教員から実際に学ぶだけでなく，これまでの学びを踏まえて実践した体験的な学びか
ら，自らの課題についても探究し，さらなる学びにつなげていきましょう。「保育実践演習・
教職実践演習（ゼミナール）」保育・教育は一人で行うものではありません。同僚や保護者な
ど，さまざまな人たちと協働して子どもを育てる営みです。この科目を通して，集団的な研究
活動などを実践して，仲間と創り上げることや学び合うことの重要性を理解し，関係性を作
る能力を培いましょう。その他に，大学などには授業の他に大学祭をはじめとするさまざまな
行事や活動があります。学生の自主的な活動として展開されています。このような活動で，学
生相互の学習（グループワーク，アクティブ・ラーニングなど）や仲間との関係性，自らの人間性
を拓いていくことができます。

2. 履修する講義の担当教員や講義の 特徴をまとめてみよう

　履修登録が完了し，いよいよ各科目を受講していくことになります。高校までの50分間の
授業から，90分という長い時間の授業が始まります。各科目の到達目標など，どのような内
容の授業であるのか理解し受講しなければなりません。授業の方法も，教科書を使用し，内
容に沿った展開をするものから，教科書は使用しないものもあります。またパワーポイントを
使用した解説しながらの授業や学生と教員が協働して課題を追求する演習など，それぞれの
教員が独自の授業展開をしていきます。受講している科目がどのように授業展開していくの
か把握しておく必要があります。

　ではここで，大学などのカリキュラムや授業形態について少し整理をしてみましょう。大
学などでは学部や学科が教育上の目的を達成するために必要な授業科目を開設し，体系的に
教育課程（カリキュラム）が編成されることが求められています。そこで各大学は，教育の理
念や目的を基にディプロマポリシー（39ページ用語解説参照）を掲げ，カリキュラムポリシー
（39ページ用語解説参照）に沿って教育課程が編成されています。そしてほとんどの学校が教養
教育と専門教育と大きく2つに分けた科目編成をしています。教養教育の科目では，人とし
て生きていくために必要な幅広い知識を学びます。「どうして雨が降るの？」「どうしてお月さ
まの形は変わっていくの？」と子どもから質問されたら，みなさんは答えることができるで
しょうか。保育者・教員になった時，好奇心旺盛な子どもからは日々たくさんの質問を受ける
ことになります。子どもたちとの信頼関係を形成するためにも，知識を深め，教養豊かな人に

なるべきです。また専門教育の科目では，それぞれの学部や学科，コースなどの専門の知識や技能を学びます。そしてさらに保育士資格や教員免許を取得するには，定められた内容を含む科目の単位を取得する必要があります。履修している科目が卒業必修か資格必修か，もしくは選択の科目か，それぞれの科目がどれに該当するのか知っておく必要があります。大学などでは履修指導の際に卒業要件，資格取得要件など細かい説明があると思います。履修のミスをしないように注意することが必要です。卒業必修や資格取得必修科目を取得し忘れると，取り返しがつきません。大学の時間割は，履修する科目によって異なり各自オリジナルの時間割となります。隣の席の友人と一緒の時間割とは限らないのです。慣れないことばかりで戸惑いが多いと思いますが，自らが学ぶ大学などでは，自らが確認をし，自らの行動に責任をもつことも大事なことです。履修登録という作業は「生徒」から「学生」になった証でもあるのです。

　次に授業形態についてです。大学では講義，演習，実技，実習と授業の形態が分かれています。各大学の学則に定められた時間を学修し，その科目の内容を修得できた時，単位が認定されます。受講する科目がどの形態で何単位取得できるかを知っておくことが大切です。それは，シラバスという授業計画で，講義の目的，到達目標，各回の内容などを知ることができます。各教員はこのシラバスによって学生に授業内容の保証をすることになります。また成績評価の基準や方法も記載されており，この評価の方法を知っておくことはとても重要です。

　ここで，その理由を例にあげて説明してみましょう。たとえば，「教育原理」という専門教育の科目があるとします。この科目は，保育士と教員になるためには必修の単位になっている大学などがほとんどです。講義科目で半期2単位，内容は保育・教育の本質，基礎理論を理解する科目です。この担当教員の成績評価は，筆記試験50％，毎時の課題レポート30％，受講態度20％とシラバスに書かれているとします。筆記試験の配分が半分であるとわかります。また，毎回レポートの課題があるということは，出席をしなければ課題が提出できないということになります。受講態度も成績評価に示されています。授業に積極的に参加をし，当たり前ではありますが，私語を慎み，スマートフォンなどには触れないようにしましょう。つまり，受講するうえにおいて，50％の部分は受講や日頃の取り組み課題で評価が決まるということです。「テストの点を取ればいいのでしょ」ということではありません。次に「音楽」という演習科目を見てみましょう。この科目は保育士資格の「保育の表現技術」という内容の科目であり，教員免許の「教科」に関する科目であったりします。演習科目半期1単位で，音楽全般の理論や鍵盤楽器などの演奏技術を修得する内容です。成績評価は，筆記試験20％，実技試験30％，レポート課題20％，受講態度30％となっているとします。こういった演習科目は，授業に参加することによって修得する知識や技能が多いため，受講態度の割合

が高くなっています。このように科目の性質によって評価の基準も変わるため，講義内容をしっかりと把握しておく必要があるのです。またルーブリック（40ページ用語解説参照）という評価表を活用している教員もいます。

　こうした授業の受け方や勉強していくコツを担当教員から聞き出すことも大切です。高校までと異なり，大学などの教員は専任教員が中心とはなっていますが，非常勤の教員の数もぐっと増えます。授業担当教員との距離を縮めることは，学ぶうえでとても重要です。

　大学の教員は高校までの教員と異なり，研究活動をしながら授業や学生指導を行っています。担当教員がどんな研究をしているか，知っておくことも大切です。大学などでは，大学などの運営や教育研究活動の状況について情報を公開することが義務付けられています。ほとんどの大学などでは教員の取得学位や学歴・専門・研究活動を Web 上から見ることができます。また，教員を通して将来の自分の教員像を描いていくことは大切なことです。授業での質問があれば，研究室を訪れるのもよいでしょう。学生の質問などに答えるために多くの大学などでオフィスアワーという時間が設定されています。この時間も有効的に活用していくことをお勧めします。教員との接点を増やし，たくさんのことを学び取ってください。また，身近な先輩との交流も大切です。授業の様子や課題の取り組み方法などを教えてもらうこともいいでしょう。

3. 講義の行われる曜日および時間，その講義の出席・欠席を書いておこう

　先にも述べましたが（26 ページ参照），大学の講義は半期 15 回で完結している科目が大多数を占めます。大学の規定や科目によっても異なりますが，3 分の 1 の欠席者には受験資格がないと判断される場合が多いです。しかし，体調不良などどうしても欠席せざるをえない日もあるでしょう。もし欠席した場合にはスケジュール帳に記入しておく習慣をつけましょう。また，忌引きやインフルエンザなど学校保健法に定められ出校停止になっている病気に罹った時は，公欠扱いになることがあります。各学校での規定や手続きの方法を知っておくことも大切なことです。教員の都合や体調不良により授業が休講になることもあります。事前に報告されている場合もありますが，急な場合もあります。現在ではそういった情報はインターネットを活用している大学も多いです。また，大学の授業の質の保証として，休講した科目は必ずすべての学生を対象に補講を求められています。休講になった時の補講はいつ行われているか，こちらもしっかりと把握しておきましょう。

　次に授業への出席確認はどうでしょう。大学，担当教員によって異なります。教室の入室

時に学生証をかざすと出席が確認される大学や，なかには授業終了後の簡単なレポート提出で出席扱いする教員，履修者名簿を読み上げる教員とさまざまです。確認方法は授業開始時に説明があるはずです。担当教員によって異なるため，しっかりと把握しておきましょう。また，欠席した場合には，授業に配布された資料や課題なども確認をしておきましょう。

では，もう少し成績評価と出席との関わりについて少しふれておきましょう。一般的に授業に出席することが前提でシラバスは作成されています。そして授業の出席状況が直接的に評価の対象になることはありません。しかし，先ほどから述べているように授業の課題レポートがあったり，グループワークがあったり，ディスカッションする授業など出席しなければ成しえないものがあるということです。つまり，欠席はマイナス要因になるのです。また授業によっては15回の授業の中で中間発表や試験があったりします。すると，その発表や試験の時に欠席していると，評価がされないということになります。グループ発表や試験なども何回目の授業に行うかシラバスに明記されています。その情報も確認しておくことが大切です。欠席をしたからといって高校までのように教員の方から声をかけてもらえることはないと思いましょう。

その他，学生の生活や学業に関わる連絡事項などは掲示板を活用している大学が多いと思います。毎日掲示板を確認する習慣や情報をキャッチする力をつけましょう。将来の自分のためにも，自己の管理ができることが大切です。就職してから習慣づけることは，とても大変です。少しずつ学ぶ姿勢を身につけていくことです。

何度も繰り返しますが，履修の科目は個々によるため，時間割が異なることもあります。小規模な大学や学科，短期大学では保育士資格取得や教職課程の科目がほぼ決められていて選択科目が比較的少なく，クラス全員が同じ科目を履修していることが多いでしょう。そのため，全員の時間割が比較的同じで日々の行動も似たものになります。しかし，大規模校や学科，コースの編成が多い場合は，同じ科目でも担当教員が違ったり，開講の時間や教室が異なります。自分はどの曜日のどの時間の授業なのか，自分の動きを確認しておきましょう。

また学園祭や実習など，年間で決められた学校行事があります。先を見通してスケジュールを調べ自分の行動に責任を取る習慣をつけてみると，就職してからの自己管理に役立つと思います。提出物の期限や提出場所もしっかりとメモをしておくべきです。高校までと異なり，大学は自らが学ぶことが基本です。与えられる教育ではありません。そこを自覚して学生生活を送ってみましょう。

第4章 いろいろな講義を知っておこう

4. その講義が自分にとってどのように役立つか，書いておこう

　大学での授業の受講方法がわかったところで，授業科目間の連携について考えてみましょう。カリキュラムポリシーをもとに科目編成がなされ，みなさんは保育者・教員養成に必要な科目を履修していくわけですが，科目間はどのようにつながっているのでしょう。それは，カリキュラムマップやカリキュラムツリーといったもので知ることができます。カリキュラムマップとは，授業科目と教育目標を示した表のことであり，卒業までに身につけるべき能力が各科目とどのように関連しているかを示しています。またカリキュラムツリーとは，科目間の関係を系統化させて図式に表したものです。各大学が学士を授与するために，また保育士や教員になるために必要な科目を系統立てて履修できるようにしています。またナンバリングといって科目に番号を付けて分類し，学習の段階や順番が一目でわかるように体系化している大学もあります。

　こうした授業科目間の連携を意識しながら授業を受けていくことはとても大切なことです。その中で大学での学びの全体像を描き，何を学ぶべきかをはっきりさせることで大学での明確な目標をみつけ，実現へ向けて進んでいくことができるでしょう。そしてみなさんはこれからの社会を担っていく人材であり期待もされています。保育者・教員になるためにも日ごろから将来の保育者・教員像をもち，そのことを意識しながら日々授業に取り組んでください。そして日常の生活においても子どもへの関心をもち，子どもを理解する努力をしてみてください。もちろん，保育者・教員養成の大学では，子どものことを理解したり，指導法などの科目が多く設けられています。各科目では子どもを理解することから始まり，保育・教育・教職，それぞれの本質や意義などの理論を学び，基礎的な技術を修得していきます。さらに指導法などの科目で実践法を学んでいきます。実践を踏む授業では，各科目で修得した知識や技能を結び付けて取り組みます。たとえば，「図画工作」という科目で3歳児向けの絵画制作術を学んだとします。ここで修得した知識や技術を活かし保育実習での3歳児対象の単元実習の指導案を練っていきます。その中には「発達心理学」という科目で得た年齢ごとの発達段階の理解，「人間関係」という科目で得た人との関わり方，それぞれの科目で修得した学びが次の科目の理解へとつながっていき，現場で用いられる指導案が完成します。特に実践を積み上げる授業では，修得した知識や技能を活かし積極的に参加していくことを求めていきたいものです。また，実践的かつ直接的な体験を行う授業といえば実習ですが，保育所実習や教育実習の他に，インターンシップと呼ばれる現場での体験学習などをカリキュラムで設けている大学も多いと思います。授業以外でも学んだことをそういった学習の場で実践していく

機会を意図的に増やしていくこともよいでしょう。体験学習をした後，自分独自のオリジナルのノートを作り，自分が伸びる経験をたくさん積み上げることをしていくとよいでしょう。そして将来子どもたちを導いていくために知識の修得や教養を身につけていくことを心がけて欲しいのです。子どもたちは無垢な存在です。24時間のうち大半を過ごす保育所・幼稚園・学校で関わる教員たちによって成長の様子が変わります。子どもたちはスポンジのようにたくさんのことをすぐに吸収していく力があります。与えられる環境によって子どもの未来はどんどん切り開かれていきます。子どものもつ秘めた力を最大限に引き出していって欲しいと思います。

　また保育者や教員には子どもたちの日々の様子を記録していくことが求められます。保育指導要録，指導要録という個人調書です。書き記していく習慣をつけるためにも，メモをとる，授業での内容をまとめるなど，少しずつ活字に起こす力をつけていくことも大切です。日記をつけていくこともよいでしょう。自分の考えをまとめることも大切です。また，自らが発信する力，作り出していくクリエイトする力も必要です。知識ばかりでなく，人格的な能力や資質が求められていきます。そのためにも，授業のみならずボランティアなどにも積極的に参加をし，地域の人々とふれあっていくことも大切です。新聞やニュースにも関心をもち，授業と関連させていく力も必要です。

　また，日々の生活では子どもに目を向けて生活をしていきましょう。子どもの様子，親子の様子，それに関連した事柄に関心をもっていきましょう。日常生活での整理整頓など身の回りの物をまとめられることも大切です。そして学修ポートフォリオの活用もしていくとよいでしょう。学修ポートフォリオとは，学生自身が課題を発見し学びを向上させるために，その学修課程や成果を集積したものです。最近では小学校の「総合的な学習の時間」などでこの学修ポートフォリオが活用されています。大学に入学してからの授業の資料，学生生活の資料，就職活動の資料など，自分の学修の記録を残し，学修の到達目標に向かって学びの「あしあと」として残し活用していきましょう。そして目標達成のため学びを深めていってほしいと切に願います。

用語解説
- **ディプロマポリシー**とは，各大学，学部・学科などの教育理念に基づき，どのような力を身につけた者に卒業を認定し，学位を授与するのかを定める基本的な方針であり，学生の学修成果の目標となるもの。
- **カリキュラムポリシー**とは，ディプロマポリシーの達成のために，どのような教育課程を編成し，どのような教育内容・方法を実施し，学修成果をどのように評価するのかを定める基本的な方針。

・ルーブリックとは，目標に準拠した評価のための基準づくりの方法論であり，学生が何を学習するのかを示す評価基準と学生が学習到達しているレベルを示す具体的な評価基準をマトリクス形式で示す評価指標。

📖 引用・参考文献

藤岡達也『先生になりたいあなたへ』協同出版，2015 年
文部科学省「大学における教育内容・方法の改善等について」「大学の教育内容・方法の改善に関する Q&A（平成 26 年 2 月更新）」
文部科学省中央教育審議会大学教育部会「『卒業認定・学位授与の方針』（ディプロマ・ポリシー），『教育課程編成・実施の方針』（カリキュラム・ポリシー）及び『入学者受入れの方針』（アドミッション・ポリシー）の策定及び運用に関するガイドライン」平成 28 年 3 月 31 日
文部科学省中央教育審議会大学教育部会，説明資料，2011 年 12 月 9 日

カフェタイム（コラム）④

ちょっと知っておきたい "泣いてる子ども" のあやし方

　泣いてる子どもには，その年齢にかかわらず「泣く理由」が存在します。年齢が乳児から幼児へと上がるにつれ，より明確な理由が隠れています。子どもが泣くと慌ててしまいますが，シャワーのようにたくさんの言葉をかけ気を他へそらすのではなく，まずは抱きしめる，身体をさするなど心身にあなたのぬくもりを伝え，安心できるようにします。そして，発達に合わせて言葉にならない想いを代弁したり，共感していきます。特に，泣きの原因が友だちとのいざこざや，ケガなどの場合，泣いている子に周りのことを考えるゆとりはありません。子どもは，「大切にされている」「愛されている」と感じると，心が落ち着き泣きの理由を改めて考えることができます。また，疲れや寂しさを感じる時などにも泣いてしまう場合があります。子どもが泣くのはその泣きを受け止めてくれる大人がいるからであることも心に留め，接していきましょう！

第5章
図書館を利用してみよう

1. 図書館とは

　図書館法第2条によると，図書館とは，「…図書，記録その他必要な資料を収集し，整理し，保存して，一般公衆の利用に供し，その教養，調査研究，レクリエーション等に資することを目的とする施設であり…」と定義されています。公共の施設名称に「館」がつくものはたくさんありますが，図書館法に定められた図書館と博物館法に定められた博物館や美術館などとの大きな違いは，収集された多くの資料を利用者が直接手にとり，利用することによってその価値を多くの人々と共有していくことにあるといえます。また，保育現場に保育の専門家である保育者が配置されているのと同様に，図書館には図書の専門家である図書館員（司書）が存在しています。

2. 図書館の種類

　図書館は大まかに分けると次のように分類することができます。
　一つめは，国立の図書館である「国立国会図書館」です。日本国内において出版されたあらゆる資料や多くの外国の資料を東京本館，関西館，国際子ども図書館の3館で収集し，また，国会における活動を手助けしています。そして，国会や各種機関，海外と私たちをつなぐ役割を果たしているのです。次に，私立や地方自治体の設置する「公共図書館」は，その数3,000館を超えるといわれています。そのほとんどが都道府県，市区町村といった地方自治体の設置する図書館であり，各自治体に居住，または通勤や通学をしていることなどが利用の条件となり氏名と住所が記載された健康保険証などの証明書があれば貸し出しカードが作成できます。また，事業として世代，多文化など各地域の実態に合わせた読書会，子ども向

けのお話会や図書館の仕事体験会，展示会などが実施されています。3つめは大学，短期大学，専門学校に付属する「大学図書館」です。在学していれば学生証で図書の貸出が可能であり，学生が学び進めたい分野に関する資料が揃っています。4つめは小学校から高等学校に設置されている「学校図書館」です。その規模は学校によって異なってはきますが，学校司書に加え司書教諭が存在することもその特徴です。

　以上の他にも各種の専門分野の資料を収集した「専門図書館」がありますが，こうしてみてみると，知恵の宝庫である図書館は私たちの幼少期から高齢期までの生活に大きく関わり，生涯教育の一翼を担っていることがわかりますね。

3. 活用の方法

　それでは，実際に大学生は図書館をどのように活用していけばよいでしょうか。大学図書館では，主に図書の閲覧と貸出，レファレンス・サービス，複写サービスなどが行われています。

(1) 閲覧と貸出

　図書館には，図書，新聞，雑誌，DVDなどあらゆる資料が揃っています。それらの資料は館内で常時資料を手に取れる開架書架と，図書館内の書庫に保存され利用者の希望に応じて提供される閉架書架に分かれており館内での閲覧が可能になっています。また，どちらも一部の過去の貴重な資料，最新号の雑誌，辞典や目録といったレファレンス資料などを除けば館内だけでなく，一定の期間の貸出をしています。資料は，『日本十進分類法』によって000総記，100哲学，200歴史，300社会科学，400自然科学，500技術，600産業，700芸術，800言語，900文学の10分野に分けられています。その各分野も細かく10に分類され，さらに10に区分されています。保育・教育に関連する分野について確認してみると，次のようになります。

　この分類法は，必要に応じてより具体的に分けられることもありますが，私たちが1,000分類された中から必要な資料が探し出せるようにされているのです。なお，閲覧したい資料を見つけるには，図書館で所蔵している資料の目録データをインターネット上で検索することができます。この所蔵目録データはOPAC（オンライン所蔵目録）と呼ばれ，図書館のホームページを見てみると，蔵書検索などの名称でバナーが設けられています。つまり，必要な資料を図書館ではなく，自宅のパソコンや携帯電話機器を利用していつでも探せる時代になったのです。

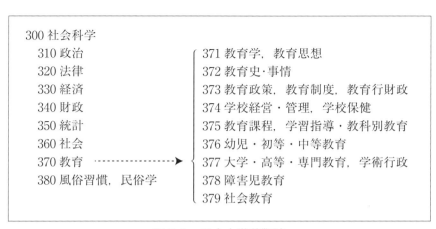

図 5-1　日本十進分類法

(2) レファレンス・サービス

　必要な資料を自分で探すにはやはり限界があります。そこで，活用したいのが，図書館職員（司書）によるレファレンス・サービスです。辞典や新聞などの用意されたレファレンス・コーナーがあるだけではなく，図書館員が直接図書検索の相談にのってくれることから，探している図書資料名が明確でなくても必要な情報を得られる可能性が高いといえます。たとえば，「パネルシアターの本があるか」「○○の職務について，従事者の経験に基づいてまとめられている本を探している」など，知りたい内容について，それらの記述のある図書資料を紹介してくれるのです。問い合わせ方の事例について，より知りたい場合は，国立国会図書館の「レファレンス協同データベース」のホームページを確認してみましょう。ここでは，全国各地の図書館でどのような問い合わせがあるのかその事例を見ることができます。このレファレンス・サービスでは，学校で出される課題に対する回答や，本来ならば医師などの専門家による判断を必要とするような内容には対応していません。あくまでも必要な資料を探す補助の役割を果たしているサービスであることも心に留めておきましょう。

　また，図書館では調査研究が目的である場合に，著作権法に基づき決められた範囲内で一部図書資料の複写サービスを行っています。図書資料1冊につき，その資料の半分以下の項を一人あたり一部複写できるのです。大学でのレポートを作成する際など，図書館職員によるレファレンス・サービスを活用しながら，本の貸出や複写に関するマナーを大学生として守り，学びを深めていきましょう。

カフェタイム（コラム）⑤

ちょっと知っておきたい"絵本・紙芝居"とは？

　絵本や紙芝居は，日々の園生活を豊かにするためにも欠かせないものです。絵本は扱いやすいと思われがちですが，もともと大人数を対象に作られていないことを頭に入れておいてください。もしクラスを対象にするなら，遠目でもわかりやすいものにするなど，選ぶ際に注意が必要です。一方，紙芝居は大人数で見ることを目的に作られているので，個々では読めませんが，クラスには適しています。時々紙芝居を入れて，みんなで気持ちを共有する楽しさを味わってみましょう。人気の絵本は，『三匹のやぎのがらがらどん』（ノルウェーの昔話／マーシャ・ブラウン　絵／瀬田 貞二　訳／福音館書店）や『もこもこもこ』（谷川 俊太郎　作／元永 定正　絵／文研出版）などです。紙芝居は，参加型の『おおきくおおきくおおきくなあれ』（まつい のりこ　脚本・絵／童心社）や，昔話の『おむすびころりん』（柴野民三　文／安井康二　画／教育画劇）などがあります。図書館で手に取ってみましょう。

第6章
大学生活とアルバイトについて

1. 大学生活をよりよく過ごすための方法とは

　このハンドブックを手に取っているみなさんは、きっと大学もしくは短期大学、専門学校に入学し、将来は保育士や幼稚園教諭などになりたい学生ではないでしょうか？

　これからみなさんは自らの将来のために大学・短期大学・専門学校での生活を送ることになります。しかしながら、ただなんとなく過ごしていると、大学や専門学校での講義がつまらないとか、なんのために学校に行っているのかとか、学校を卒業して社会人になって大丈夫なのかとか、いろいろな感情をもつようになると思います。それではせっかくの大学・短期大学・専門学校での学生時代を棒に振ってしまうことにもなりかねません。

　そんなみなさんのために"学生生活3カ条"をお教えしたいと思います。ぜひこの3カ条を念頭に毎日を過ごすようにしてほしいと思います。

(1) まずは行動してみること！

　まずは、何でもいいですから「行動を起こしてみること！」が大切です。人間は誰しも目の前に目標があると、それに向かって頑張ろうとします。目標がなくなってしまうと、頑張る機会も減少してしまうため、物事ができなくてもなんとも思えなくなります。行動して成功したらきっと自信になっていくことでしょう。もし行動しても思い通りにならなかったりすることもあることでしょう。でも悩まないでください。人間誰しもそのようなことはあります。むしろ行動したことがすばらしい！と自分自身をほめてあげてほしいと思います。「みなさんの勇気ある行動に乾杯！」といったところでしょうか。この繰り返しを行っていくなかで、きっとみなさんの行動には意味があるということに気づくことになることでしょう。

　行動した先には、みなさんの将来がきっと待ち受けていることでしょう。ぜひ今日からはじめてみましょう。

(2) 大きくても，小さくてもいいです。"目標"をみつけること！

　行動を起こすことができたあなたはきっと"次は…"と思っていることでしょう。行動を起こすことができるあなたです。次は学生生活中のあなたがやりたいことをみつけることです。わかりやすくいえば"目標"をみつけることです。

　保育者をめざすみなさんのことです。たとえば保育士の資格を取得しよう！とか幼稚園教諭の免許を取得しよう！とかでもいいと思うのです。資格や免許をとることも短期間で取得できるものではなく，2年間，4年間なりに長い時間を要します。一度決めたならばとことん頑張ってみましょう。あくまでもムリをせずに自分のペースでいいのです。

(3) ひとりでも多く，友人・親友をつくる！

　大学・短期大学・専門学校ではみなさんのほかにも多くの学生が入学し，同じように学生生活を送っています。ひょっとしたらみなさんと同じ状況で，"早く友達ができないかな？"とか"このまま学生生活を順調に送ることができるのかな？"と不安や悩みを抱えている人もいるのではないでしょうか。

　まずは何でも気軽に話ができる，そんな友人をみつけましょう。もちろん一人でもいいのです。みなさんの学生生活がスムーズに進むことができれば何の問題もないのです。もちろんたくさんいても大丈夫です。講義の時間以外の時間，すなわちお昼休みの食事の時間や，登下校の時間，電車やバスで通学する学生はその時にでもみつけるといいのではないでしょうか。出身地や出身小学校・中学校・高等学校が同じであったり，趣味が同じであったりなどきっかけはたくさんみなさんの前には転がっていますよ。みなさんが初めて声をかけた人が，その後の親友になることだってよくあります。勇気を出してまずは，自分から話しかけてみましょう。相手から話しかけてくれたら…と思うところですが，とても大事なポイントになります。自分から…行ってみましょう。

　以上が3カ条になります。ぜひ今日から実践してみましょう。

2. 携帯電話，メール，コミュニケーション・アプリやソーシャル・ネットワーキング・サービスなどを有効活用しよう

　学生生活を楽しもうとしている学生のみなさん！　さてこれからの学生生活には必需品として欠かせないものがありますよね。そうです。携帯電話・スマートフォンです。携帯電話ではメールをはじめ，コミュニケーション・アプリやソーシャル・ネットワーキング・サービスなどが利用できます。

ただこれらのシステムは，利用の仕方で価値が決まります。利用の仕方をまちがってしまうと大変危険なことが生じる原因にもなります。正しい利用方法を知り，実践するようにしていきましょう。

　最近の若者は"ケータイ依存"とよくいわれています。話によれば，15分以内にメールを返信をしなければ友人関係が崩れるなどという噂を聞いたことがあります。つまり学生のみなさんは，ケータイを片時も離さずにもっているのです。これでは集中して学習することもできないですし，深夜まで気になって落ち着いて眠ることさえできなくなるでしょう。ケータイに依存しすぎたこの状況を心配する保護者もあとを絶ちません。

　メールだけでなく，コミュニケーション・アプリやソーシャル・ネットワーキング・サービスなども同じです。決められた時間内であまりに熱くなりすぎないことです。それでも若者はどうしてもケータイに頼ってしまいますよね。そのときは有害情報へのアクセスを遮断するようなフィルタリングサービスを利用することが大事になります。フィルタリングサービスを利用すれば，詐欺や援助交際などに見られるような交際・悪意をもった大人との出会いを減少させることが可能となります。

　しかし友人とのトラブルはどうかというと，効果がないことがわかります。子どもの頃はそれでよくても大人になるとフィルタリングなしでもインターネットにふれなくてはならなくなります。そのためウェブの利用制限及び禁止することが求められます。いずれにしても，ケータイやインターネット，SNSとのよいつきあい方を学生のみなさん自身がしっかり考えるようにしなければこの問題は解決しないと思われます。しっかり考えておきましょう。

3. 訪問販売やキャッチセールスには気をつけよう！

　学生は，自宅から大学・専門学校に通学する人，さらに両親・家族から離れてはじめて"ひとりぐらし"を始める学生も多いのではないでしょうか。はじめてのひとりぐらしは不安がつきものです。そこを狙って，訪問販売やキャッチセールスなどが横行することもしばしばです。とくに新築のアパートやマンションは100％といってもよいほど狙われることが多いので，用心したいものです。引越し時に待ち構えていたり，入居後にしつこく訪問勧誘します。エリアの販売店の人も熱心ですが新規勧誘専門部隊の人だったりすると数倍も強硬でしつこい勧誘といわれます。「お届け物です」といってドアを開けさせ，新聞社名入りのタオル1本の「お届け物」でしつこく新聞購読の勧誘をされ契約させられてしまったというケースも多いようです。ドアを開けないのが一番の防衛です。出入りの時の勧誘は，購読するつもりが

なければはっきりと「お断りします！」で振り切りましょう。おおむね数日で引き上げてしまいます。

また，以下のような悪徳業者の事例もあります。

「消防署のほうから来ました！」と高額な消火器を売りつける手口と同様な事例が多くあります。「管理会社のほうから台所換気扇のフィルターを取り付けに来ました！」「NTTのほうからインターネット工事に来ました！」などが多発しているケースです。工事人風の服装にもだまされないこと。マンションの管理会社や家主が事前のお知らせもなく，いきなり工事業者が入居者を訪問することはありません。また，なかには「今，この地域でモニターを募集中です」「今がキャンペーンでチャンスです」など甘い言葉で誘う場合もあります。

そんな学生のみなさんには「学生にとって有益な訪問販売などありません！」の一言を伝えたいと思います。まずは1日でも早く！消費生活センターなど行政の相談窓口に電話して相談してください。訪問販売や電話勧誘販売などは「クーリングオフ（制度）」といわれ，8日間以内なら無条件で解約をすることができますので，知っておくとよいでしょう。

4. 部活動とサークルについて知っておこう

　大学生活では，これまでの学校生活とは異なり，自由に時間を費やすことができるでしょう。それなりに時間を有効に活用したいと思う人も少なくないでしょう。その時間を部活動やサークルに一生懸命取り組むことも一つの選択肢であると考えます。部活動は毎日のように練習を行う部もあります。部によって目標・方針は異なりますが，「〇〇大会出場」とか「〇〇コンクール入賞もしくは代表！」をめざすことがあるため，練習の厳しい部も存在します。せっかく大学・短期大学・専門学校に入学したのですから，いろいろなサークルもありますので，「サークル」への入会をおすすめします。

　サークルのいいところは，いろいろなタイプの学生と知り合うことができるところです。同じサークルにいれば，同じ時間を共有することが多くなります。そんななかで気の合う友人を

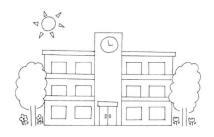

見つけることできるでしょう。どんなサークルであっても，それなりに参加することが大切になります。

またサークルのなかには保育をめざす学生さんが集まる「保育サークル」「児童文化サークル」「人形劇サークル」「コーラスサークル」なども学校によってはあるようです。保育者になるためにサークルでしっかり活動し，保育者の資質をしっかり身につけておくこともできます。学校以外のところでも活動することがあるので，費用がかかることもありますが，経験になるための資金になると思いますので，ムダな出費にはなりません。興味のある学生さんは，ぜひ入ってみることをおすすめします。

5. アルバイトをしてみよう・学んでみよう

大学生活では，学業と部活動・サークルで追われる学生もいることでしょう。しかしながら入学してから友人ができ，友人たちと遊んだりすることも当然あるでしょう。「友人と遊びたいのにお金がないよ」では困ります。そんなときにはアルバイト経験をもつことをおすすめします。アルバイトをするにもいろいろな職種があります。自分のためになる将来に活かせることのできるアルバイトを選ぶことができればよいでしょう。とくに保育者・教員を希望する学生はコミュニケーションを図ることが大事になってくるでしょう。そうすると受付スタッフ，電話オペレーター，企業のビラ配布などの仕事があります。また教員については学校で基本は毎日授業することになりますから，家庭教師や塾講師のアルバイトも適していると思われます。

またアルバイトの情報は入手の方法はさまざまありますが，一般的には大学の学生課・広報課（掲示板に掲載されることもある）やアルバイト情報雑誌が適当のように思います。フリーペーパーをインターネットなどでさがすことも可能です。また友人からの紹介でアルバイトをすることもできます。

しかしながら，学生は学業が中心ですので，アルバイトはあくまで副次的なものであることを忘れてはいけません。「アルバイトのついでに学校へ！」では本末転倒です。自分にあったアルバイトの日数を選定し，無理なく行えるようにしていきましょう。人によってもさまざまですが，多くても週に3日程度が無難でしょう。

また，大学3年生，4年生になると保育実習・幼稚園教育実習・小学校教育実習などが行われます。その際にはアルバイトも制限し，実習に最大限の力を注ぐことができるようにしな

ければなりません。またアルバイトで得た収入はムダ遣いするのではなく、将来のための資金として残しておきましょう。そのためには貯金をすることもおすすめしておきたいと思います。

6. ボランティア活動に取り組もう！

　大学・短期大学・専門学校での生活において、ぜひみなさんに経験しておいてほしいことがあります。「ボランティア（活動）」です。ボランティアはその名の通り、自発的な活動であり、誰からも強制されたり、義務とする必要はまったくありません。個人の自由の意志にもとづいて、自由に考え、発想し、行動するものです。また自己の利益のために行うのではなく、目標をもって社会のために活動してもらいたいと思います。

　ボランティアは教育、文化、スポーツ、国際交流、環境問題など幅広く存在しています。また学校の授業では学ぶことのできない多くのことを経験することと思います。他者のために自分を生かしていくために積極的に参加していきましょう。

　学校によっては「ボランティアセンター」「ボランティア支援室」などがあるところもあります。わからないことや相談事などがある場合には、担当職員の方に声をかけましょう。学生にとって良い情報を得られることがあるかもしれません、ひとりで悩まず周りの人をどんどん活用していきましょう。

　また保育者・教員を希望する学生には、保育所、幼稚園、認定こども園での保育ボランティア、小学校における学童保育ボランティアなどたくさんのボランティアの募集があると思います。実習直前に行くのではなく、1年生の時から時間をみつけてどんどん参加しておきましょう。また、友人を誘っていっしょに行くこともよいと思います。ボランティア活動の経歴は、みなさんの履歴書に記載することも可能です。将来、保育士や教員採用試験を受験するときに、この経歴を生かすことができます。

7. 奨学金（制度）ってどんなもの？

　学生生活を送るなかで，学生の保護者の方々は，高額な学費を支払うことになるのですが，学費の工面に苦労されるご家庭も少なくありません。そんなときには「奨学金」の申請を行うことができます。奨学金には「日本学生支援機構」をはじめ，民間奨学金，地方自治体による奨学金など多種に及んでいます。保護者の方とよく話し合い，申請するようにしましょう。また日本学生支援機構の奨学金には無利子で返済することのできる「第一種奨学金」と有利子で返済を行う「第二種奨学金」があります。4月上旬に説明会などがあり，そこで詳細を聞くことができます。申請する場合には，必要書類を作成し，すみやかに提出期限までに提出することが求められます。奨学金は応募者すべてが採用されることはまずありません。奨学金の採用は学業成績のほか，人物調査，家計事情によって判断されます。一度採用されなかったからといって，再度採用されるチャンスはありますので，あきらめずに引き続き応募を続けるようにしたいものです。

カフェタイム（コラム）⑥

ちょっと知っておきたい エチケット・マナーの常識

　保育者・教員になりたい人はたくさんいることでしょう。ここでは，簡単ですが教育者である前に社会人としてのエチケット・マナーの常識についてふれておきたいと思います。

(1) いきいきとした笑顔であいさつ！

　すてきな笑顔であいさつされたら，気持ちがよくなります。また，さきに「あいさつ」することは大切なことです。元気な声であいさつすることを心がけましょう。

(2) 上手な話し方をこころがけよう！

　最低限の敬語は使えるようにしておきたいところです。話すときには"相手の目"を見て話していますか？　話し方は印象に残りやすいことばかりです。意識しておきましょう。

(3) 職場の「ルール」を理解する

　職場は，仕事を中心に考え，仕事を優先する人の集まりです。職場には仕事の分担があり，先輩，後輩や，上下の関係があるのです。ときには先輩や上司から職務に関する命令をされることもあります。注意されることもあるかもしれません。しかし，注意される原因は何かをよく考えて，謙虚に反省する気持ちを忘れないようにしましょう。

第7章
大学時代の友だちは "一生の宝物" になる

1. たくさんの友人，親友をつくろう！

　大学生・短期大学生・専門学校生になった学生の一番の心配事とはなんでしょうか？　それは友人ができるかどうかではないでしょうか？　入学式やオリエンテーションなどで知らない学生ばかりのところで「友達はできるかな？」とドキドキしたり，周りを意識してしまうのはムリもないことでしょう。これまでの小学生，中学生，高校生の頃も同じだったはずです。しかしながら大学や短期大学，専門学校では，講義の多くが選択になっていたり，絶対に取得しなければならない講義もあると思います。

　では，どうやって友人を見つけていけばよいでしょうか。まずは「とにかくコミュニケーションをとること」だと思います。近くの席に座っている学生，自分と同じ出身県，出身校の学生などは比較的共通の話題も多く友人になれる確率も高くなります。友人になれそうであれば，メールアドレスや携帯電話の番号などを教え合いましょう。またコミュニケーション・アプリやソーシャル・ネットワーキング・サービスに招待することもよいことでしょう。

　またサークルや部に入り，友人を見つけることも定番ではありますが，よく見られます。さらにアルバイトを始めれば，アルバイト先の人々とも仲良くできるきっかけができますので，どんどん積極的に活用していきましょう。

　友人のなかでも，学生のほうで「この人なら信用できる！」と思う人も出てくると思います。そんなときには，「心配事や悩み，不安」などを打ち明け，相談にのってもらいましょう。そうすると相談された相手の学生もみなさんを信頼して相談をしてくるかもしれません。そうなると友人から「親友」へと変わることはよくあります。少なくても信頼できる友人，すなわち「無二の親友」をつくり，学生生活を少しでも楽しむこと

ができるよう心がけたいものです。

2. コミュニケーションの重要性を知っておこう！

　身近な学生間のコミュニケーションだけでなく，社会人とのつながりも意識し良い人間関係を築けるコミュニケーション能力を身につけましょう。大学生・短期大学生・専門学校生には「コミュニケーション能力が欠如している」とよく聞かれます。みなさんはこのあと数年も経過すれば，保育所，幼稚園，小学校などの保育・教育現場に就職する可能性があります。みなさんは「就活生」となるわけです。就活生に求める能力で常に上位に入るのが，このコミュニケーション力です。仕事は人と人とのコミュニケーションの間で生まれます。

　勘違いしがちですが，ビジネスの現場でのコミュニケーション力は，ただ誰とでも気軽にたくさん話せる能力ではありません。「人との良い人間関係を築く能力」です。おしゃべりな人＝コミュ力があるという認識は間違いです。

3. 先輩との関係，後輩との関係づくりとは！

　学生のみなさんはきっと知っていると思いますが，人間関係はとても大切なことです。私たちはつねに誰かと助け合いながら生きています。大学生でもそれは当てはまります。学生時代での人との関わりは，あなたを成長させます。もし，みなさんが将来大学で専門としている分野で働くなら，学生時代の友人と長く関係が続くことも多いでしょう。そしてそれは人脈として大きな強みでもあり，良い関係を築けば最高の資産となるのです。

　ここでは友人，先輩，後輩そして大人との関わり方について話したいと思います。さらに，ぜひ学生時代に学んで欲しい「人に好かれる方法」についても話したいと思います。サークルやアルバイト，寮生活などをすると先輩とのつながりができます。特に同じ学部・学科の先輩ができたりすると，先輩がこれまで使用した資料を譲り受けたり，大学生活にとって有益で面白い話が聞けたりするなど，いいことがたくさんあります。このように先輩とのつながりは必ずもっておくべきなのです。ただ，人にはいろいろな人がいるように，先輩にもいろいろな先輩がいます。みなさんにとって憧れの対象となる先輩もいれば，ただ偉そうに振る舞う横暴な先輩もいることでしょう。横暴な先輩との接し方を身につけておくのも今後役に立つかもしれません。しかし，あまりがまんしてその先輩と付き合うのは，おおきなストレスに

もなるでしょうし，それこそ時間の無駄にもなるのです。

苦手な人と距離を置いてみる勇気をもつことも，時には必要になります。あなたの身近にいる先輩の姿をよく見てみましょう。本当に尊敬できる人を見つけて見習うのはもちろん，ダメな先輩をよく見て反面教師としていくことも勉強になります。そしてやがてみなさんがすばらしい先輩になることをのぞんでいます。

4. ゼミを決めよう。決まったら積極的に活動しよう！

そもそも，ゼミとは何でしょうか。私は入学前，少人数で何かを話し合う，そんな漠然としたイメージだけもっていました。ゼミは基本的には2年生（3年生）から，各学部の専門分野について深く学んでいくための少数授業のことをいいます。ゼミの選び方ですが，みなさんが関心のあることはどんなことなのかについて，まずよく考えてみることだと思います。基本としてはみなさんの興味・関心のあるテーマを教員と検討しながら進めていきます。卒論の執筆には指導教官（ゼミの教員）の存在は不可欠なのです。ゼミの構成員は大学やゼミによって条件は異なりますが，多いと20名を超えるゼミ生が存在します。少なくとも5名あたりはいると思います。人数が少ないとそれだけ教員が学生に目が届きやすいのに対し，ゼミ生が多いと目が向けられない場合も出てきます。ゼミ選びは人任せではなく，しっかり考えてみることが大切です。場合によっては，仲の良い友人と違うゼミになることもあると思いますが，大学では学問を修めることが主眼であることを忘れないようにしましょう。

ゼミの決定についても，各大学で異なりますが，基本は学生などに希望調査書類を配付し，決められた期日までに，ゼミを担当する教員の研究室を訪問したり，ゼミ説明会に参加したりして，第1希望から第3希望（第5希望までというところもあるようです）まで選んで，事務室などに提出することになります。人気のあるゼミなども存在します。そのようなゼミでは多くの学生が第1希望が叶わないことになり，他のゼミを探すことになります。また，学生を成績順に並べ，成績の優れた学生からゼミが決まったり，教員の会議によって，希望が叶わなかった学生がほかのゼミにふりわけられることなどもあります。

ゼミの開講時間数もさまざまです。一般的には週に1コマが多いようです。場合によってはゼミの時間が超過したりすることもあるので，気をつけたいところです。ほかの講義と同じように週に1コマ以上で，教室にゼミ生10〜20名ほどで集まり指導教官を中心に実践的な学習を進めていきます。難解な論文を読んだり，調査内容のプレゼンテーションの制作をしたり，研修合宿をしたり…と，学習内容や方法はゼミそれぞれの個性が出ます。ですから自

分に合ったゼミ選択が大事なのです。

　筆者のゼミはかなりアクティブなゼミのように思えます。研究書講読や卒業論文テーマ案を検討したり，構想発表会などを行います。また春にふれあい合宿を，秋には京都研修旅行にいきます。ただの旅行ではなく，学校や施設，博物館の見学などを行い，さらなる学生の知見を得るように行っています。また普段は話せない相談事などをこのような場で多くの時間をとりながら，実施しています。

　ゼミ学生の連帯感を一層強めることになったり，ゼミ学生主導で進行できるよう，学生が主体的に取り組んでいるのが特徴です。普段のゼミでは北海道のプレゼン大会でプレゼンするための準備をしています。そのための3泊4日の調査合宿はほかのゼミより長いようです。

5.　ゼミで学んだことを，まとめておこう！

　ゼミに入り，学ぶことはたくさんあります。それは普段の生活ではできないことを経験することなどでしょう。4年生になると，卒業論文の作成を通じて，自分の情報収集力や，物事の追求についての甘さを痛感するでしょう。またゼミによっては，春や夏などの合宿（卒論合宿などをふくむ）の際，夜中までゼミの教員に指導を受けることも貴重な経験の一つです。しかし，教員の指導を受けるごとに，論文の書き方や，情報収集の仕方がわかるようになり，結果として，納得のいく卒業論文を作成することになります。

　以下に，学生のゼミ経験談をのせてみましょう。

　「この2年間で，たくさんのことを経験しましたが，全てのことにおいて，つらいと思うことがありました。正直，途中で投げ出したくなる時もありましたが，ゼミの友人や先生のアドバイスによって続けることができ，物事をやり遂げることの大切さを，この2年間で学ぶことができました。毎年行われるゼミ合宿では，楽しい思い出をつくることができ，また，ゼミの友人との交流も深まり，授業の後には，先生も含め，みんなで食事に行くといった，勉強以外での楽しみも充実させることができます。また，先生との関係もより密接になるでしょう。大学での講義を担当する先生と比べれば，長い時間を共有することにもなります。普段相談できないことや進路指導などのアドバイスなどしっかりご教示いただくこともできます。ゼミでの先生の指導は，ゼミにもよりますが厳しく，的確で，自分の欠点を見つめなおすこともできると思います。また，ゼミの食事会などでは，とても気さくで，話しやすく，とても楽しい時間を過ごすことができました。このゼミでの思い出は，この先忘れない思い出になることでしょう」

カフェタイム（コラム）⑦

ちょっと知っておきたい 小学校授業のコツは？

　中学・高校と小学校の授業の違いは，トップダウン型ではなくボトムアップ型の授業が行われているということです。一方的に知識を教え込むスタイルの授業は中・高では成立しても，小学校ではうまくいかないでしょう。最近「アクティブ・ラーニング」という言葉が注目されていますが，もともと小学校では当たり前のようにアクティブ・ラーニングが行われていました。たとえば塾では，円周率の公式を丸暗記させてそれでおしまいですが，小学校の教室では折り紙を切ったり貼ったりしながら，なぜ円周率が3.14になるのか，「本質」を子どもたちが発見できるように指導していきます。そのほか，国語や社会の授業での児童同士の話し合い活動など能動的体験的な学習は多くの小学校で行われています。もちろん，単に「楽しかった！」ではだめです。活動のための活動に終わらないよう，活動が「学び」につながっていくよう工夫を凝らすことが大切です。

第8章
保育実習・幼稚園教育実習・小学校教育実習で実力を発揮しよう

1. 保育実習とはどのような実習なのか

　保育士は、「子どもに関わる仕事」の中でも代表格といえる職業でしょう。保育士になるには、大学や短期大学、専門学校の保育士養成課程にて所定の単位を取得するか、国家資格を受験して合格する必要があります。ここでは、大学や短期大学、専門学校にて実施されている保育実習の内容について紹介します。

　保育士養成課程の授業では、保育原理や乳幼児の心身の発達、保育技術といった保育の理論や技能について多くの事柄を学びます。しかし、理論や技能を学んだだけで、すぐに保育者として保育を実践することはできません。「知識を身に付けること」と「身に付けた知識を活かすこと」には、大きな差があるからです。そのため、保育実習においては、実際に子どもたちとふれ合う中で子どもへの理解を深め、保育者と子どもとの関わり方や保護者への対応を観察し、保育所や福祉施設がもつ機能や役割について実体験から学ぶことを目的としています。なお、保育実習では、表8-1で示す通り、保育所を含めた児童福祉施設や社会福祉施設に10～20日間の現場実習に出向く必要があります。

　まず、保育所における実習について解説します。

表8-1　保育実習の単位および期間、実習施設先

実習種別	単位	期間	実習施設先
保育実習Ⅰ（必修科目）	4単位	20日	(A) 保育所，幼保連携型認定こども園，乳児院，母子生活支援施設，障害児入所施設，児童養護施設，など
保育実習Ⅱ（選択必修科目）	2単位	10日	(B) 保育所，幼保連携認定こども園，など
保育実習Ⅲ（選択必修科目）	2単位	10日	(C) 児童厚生施設，児童発達支援センター，など

（出所）厚生労働省（2015）『「指定保育士養成施設の指定及び運営の基準について」の一部改正について』をもとに作成

保育所は，0歳から就学前までの子どもを対象とし，子どもたちは原則8時間（＋延長保育）を所内で過ごします。以下は，保育所における園生活の一日の流れです。

　保育所の場合，7時頃から子どもたちが登園し，16時頃から仕事を終えた保護者が子どもたちを迎えに来ます。また，16時以降も特別延長保育という形で19時頃までの間，子どもたちを預かります。その場合，子どもによっては，最大12時間近く園内で過ごすことになります。このように，保育所は子どもたちが一日の大半を所内で過ごすことになるため，家庭的な雰囲気の中で保育をする「養護」の視点とクラス活動といった「教育」の視点が一体化された保育を行う必要があります。保育所における実習では，子どもの様子や園生活の一日の流れをつかむための「観察実習」，実際に絵本の読み聞かせや手遊びといった活動を行う「参加実習」，一日の保育を実習生がすべて担当する「責任実習」があり，これらを通して，保育の在り方を実践的に学びます。観察実習，参加実習，責任実習については，次（2）節の表8-6で詳しく説明しています。

　次に，福祉施設における実習についてです。

　保育実習にて出向く主な福祉施設には，表8-3の乳児院や母子生活支援施設，児童養護施設，障害児入所施設，児童発達支援センターがあります。各施設の特性を理解した上で，児童・利用者への理解を深め，彼らの生活を支える施設の社会的機能や役割を学びます。また，施設養護に関わる保育士としての知識や指導技術を修得することを目的として実習を行いま

表8-2　A保育所における園生活の一日の流れ

時間	7：00	9：00〜10：00	10：30	10：45〜11：15	11：30	13：00〜14：30	15：00	15：15〜16：00	16：00以降
活動	随時登園	自由保育	朝の会 当番活動	設定保育	昼食	午睡	おやつ	自由保育	随時降園

表8-3　保育実習にて出向く主な福祉施設

福祉施設名	施設の特徴
乳児院	保護を要する乳児を養育する。（事情により，幼児も受け入れる）
母子生活支援施設	配偶者がいない，またはこれに準ずる事情にある女性とその子どもを保護し，母子の生活支援を行う。退所者の相談・援助も行う。
児童養護施設	保護者がいない，虐待されているなど，家庭における養育が困難な子どもを保護し，生活支援を行う。退所者の相談・援助も行う。
障害児入所施設	障害のある子どもへの専門的支援を行い，日常生活の指導，自立に必要な知識技能を与える。
児童発達支援センター	通所する障害のある子どもへの専門的支援を行い，自立に必要な知識技能を与え，集団生活への適応訓練などを行う。

す。たとえば、乳児院であれば、社会的養護としての乳児院の意義や役割、オムツ交換や沐浴、授乳といった保育技術の習得、月齢に応じた子どもへの関わり方について学ぶことを目標とし、実習を行います。

2. 幼稚園教育実習とはどのような実習なのか

　幼稚園は、学校教育法に基づいて、幼児の心と身体の発達を促すことを目的とした施設です。幼稚園教諭になるためには、表8-4で示す通り、公立・私立幼稚園や幼保連携型認定こども園、幼稚園型認定こども園にて4週間の教育実習をする必要があります。

　幼稚園は、満3歳から就学前までの子どもを対象とし、子どもたちは標準4時間（＋預かり保育）を園内で過ごします。以下、幼稚園生活における一日の流れは、表8-5にて示しています。

　幼稚園や保育所における園生活の中には、子どもたちが自由に遊ぶ時間だけでなく、担任教員・保育士が子どもの興味関心などから、育てたい姿である「ねらい」と「内容」に基づいて、意図的に活動を計画し、設定して行う教育活動があります。子どもは自由に遊びを展開していきますが、自分の興味関心による遊びばかりでは、その活動に偏りが見られ、活動内容の質も高まらない場合があります。子どもたちの経験を多様で豊かなものにすることや、目標をもった活動の面白さを味わうこと、また子ども同士が共通意識をもって高め合うには、ねらいのある活動を取り入れることは効果的であるといえます。実習生は、このねらいのある活動を責任実習という形で実施することになります。

　「ねらい」をもった教育活動をする責任実習は、実習生にとって負担が大きいものとなりま

表8-4　幼稚園教育実習の単位および期間，実習施設先

実習種別	単　位	期　間	実習施設先
教育実習 （必修科目）	5単位	4週間	公立・私立幼稚園，幼保連携型認定こども園，幼稚園型認定こども園

（出所）文部科学省（2015）「教育職員免許法施行規則」をもとに作成

表8-5　B幼稚園における園生活の一日の流れ

時間	8：30	9：00〜10：00	10：00	10：15〜11：30	12：00	13：30	14：00	14：00以降
活動	随時登園	自由な活動	朝の会 当番活動	ねらいのある活動	昼食	帰りの会	降園	預かり保育

す。これまでの授業で学んできた知識を総動員し，さらに教育をどのように展開するかを示した「指導案」を作成する必要があります。実習の始まりでは，観察実習があるので，子どもたちの様子や担任教員・保育士が実施している保育活動をよく観察しておきましょう。以下に，実習の種類と実習内容を示しておきます。

表8-6　実習の種類と実習内容

実習の種類	実習内容
観察実習	1日の園生活の流れを把握し，教員の子どもに対する援助や指導方法を客観的な立場から見て学びます。また，登園前，降園後の教員の様子を観察することで，園内の環境整備の仕方や事務作業，保護者との関わりを知ることができます。観察実習中は，一人ひとりの子どもの名前をできる限り早く覚え，子どもたちとの信頼関係を築くことが求められます。
参加実習	観察実習にて園生活の流れを知り，子どもの様子が把握できるようになると，実習生が教育活動の一部分に参加をします。たとえば，朝の集いの会にてピアノを弾いたり，降園前に子どもたちのために絵本の読み聞かせや手遊びをするなどです。参加実習では，観察実習を基に積極的に実習に臨みます。
責任実習	責任実習は，登園から降園までの1日の教育活動，もしくは半日の活動を実習生が担当します。観察実習や参加実習を終えた後に実施します。責任実習では，実習生が事前に用意しておいた指導案（指導計画）に基づく教育活動を実施し，自身が実施した教育活動の反省，評価までを含めたものとなります。丸1日の教育活動を担任教員に代わって実施するため，教員としての指導力，計画力の全てが問われることになります。そのため，担任教員と事前によく相談をし，当日の指導案を入念に立てておく必要があります。

最後に，保育実習や幼稚園教育実習において学ぶことを，以下の4点にまとめておきます。

まとめ　保育実習や幼稚園実習において学ぶこと

a. 担任保育士・教員の職務内容および役割，専門性を理解する

　… 保育士・教員は，子どもの健やかな発達と人格形成に直接的に携わる仕事です。子どもの成長を促す環境づくりのあり方や指導方法を学びます。

b. 子どもへの理解を深める

　… 実習生自身が子どもたちに積極的に関わり，年齢による発達の違いや個人差，障害をもつ子どもに対する理解を深めます。

c. 園・施設での1日の生活の流れを学ぶ

　… 保育士・教員や子どもたちと共に生活をし，どのような指導計画のもとで，保育や教育活動が実施されているかを学びます。

d. 担任保育士・教員の子どもへの援助方法や指導のあり方を学ぶ
　…　保育士・教員の様子をよく観察し，一人ひとりの子どもに応じた関わり方について学びます。

3. 小学校教育実習とはどのような実習なのか

　小学校教育実習では，大学での学修をもとに小学校の現場で教員としての職務につくことによって，教員となるために必要な知識や技能，態度や心構えについて体験的に理解を深めていきます。実習は勤務ですから，実習生は原則として実習校の教員と同じ一日を過ごします。朝の仕事は受けもち学級の教室の見回りや開窓，登校してきた子どもの出迎えなどに，続いて，朝の活動や職員の打ち合わせ，朝の会があり，1校時の授業へと続きます。子どもの下校まではその活動時程に合わせていくことになります。休み時間，給食，清掃の時間は子どもと活動を共にしながらその指導にあたります。休み時間，給食，清掃の指導も教員の大切な仕事です。下校指導の後は，指導教員からの指導や打ち合わせ，翌日の準備となり，特に授業実習が始まると教材研究や指導案の作成など，その準備に多くの時間がかかるようになります。ゆとりのある教育実習を送るために，なるべく早めに授業実習の準備をしておきましょう。

　ざっと小学校教育実習の概略をお話ししましたが，4週間の教育実習で実力を発揮するために，実習前に実習校の特徴を押さえておくことをおすすめします。今，公立小学校ではその学校によって特徴を出そうと努力しています。算数や漢字などの学力を重視している学校，読書や合唱を重視している学校，特産物や高齢者など地域との交流を重視している学校などさまざまですが，実習校の特徴を調べて心の準備をしておくことが大切です。実習校のホームページやオリエンテーションの時にリサーチしておきましょう。母校で実習する人も，自分が小学生だったときには気づかなかった母校の良さや特徴を発見することができるので，ぜひ調べてみてください。都市近郊のA学校で実習した学生から聞いた話ですが，その小学校では，時折，職員室に保護者が作った野菜が届くのだそうです。農家の子どもが多く，花を育てるときの土はこうでなくてはならない，野菜を育てる畑の土はこうだということを，子どもたちから教わったそうです。校庭の裏庭に小さな畑があり，総合的な学習の時間に農家の方に来ていただき農業を学習の中心にすえていたとのことでした。これこ

そまさにその学校の良さであり，特徴です。当たり前のことと思わずに，実習生自身がその学校について愛情をもって知ることが大切だと思います。

さて，小学校教育実習では今まで大学で学んできたことを具体的に現場で学び直すことになります。学び直しの視点を3点あげておきましょう。

(1) 授業，教材研究への見通しをもつ

なんといっても実習では授業が大きなウエイトを占めます。指導案を作成し，実際に教壇に立って授業を行い，教員としての基本的な力をつける活動が実習の中心となります。実習で研究授業をすることは負担が大きく，つらく苦しいものです。経験のない学生が短期間で授業の力を身につけるのはとてもむずかしいです。しかし，授業や教材研究の「見通しをもつ」ことは可能です。見通しがもてるようになれば「やってみようかな」と思えるようになるのです。見通しをもつために，実習前にしっかり教材研究に取り組み，指導案をいくつか作成してみましょう。指導教員と相談しながら，実習生同士で集まって，授業を分担し，お互いで授業をして意見をいい合いましょう。教材研究のために複数の本を読むこと，複数で授業をしてお互いの授業を検討してみることがとても大切です。完璧な授業などというものはなく，より良い授業しかないため，それぞれの授業から良い点を学びましょう。また，黒板の絵や図などの「掲示物」は楽しさと理解を深めることに役立ちます。経験のない学生でも「掲示物」の力で楽しさを演出することができますので，工夫してみてください。

(2) 学級づくり，授業を見て学ぶ

教育実習で一番大事なことは「見て学ぶ」ことです。担任の教員は何を大切にして学級をつくってきたのでしょうか。朝の会，給食，掃除そして休み時間など教員自身意識せずにしていることも多くありますが，なぜこのような「良い学級」あるいは「落ち着きのない学級」がつくられているのでしょうか。教員は何を大切にしているのか，繰り返し出てくる教員の言葉をチェックしてみてください。また，誰を中心に学級がつくられているのか，力のある子ども，手のかかる子どもなどさまざまな子どもがいますが，今，教員は誰に焦点を当てているのか，観察してみましょう。

次に授業観察についてです。観察は担当学級の授業が中心になりますが，担当学級以外の学級や他学年の授業を参観できることもあります。いずれの場合も，教員の授業の意図をできるだけ多面的に理解することが大切です。理解なのか，楽しさなのか，それとも子どもとのやり取り，意見交流なのか授業の流れによってその意図は変わります。それを自分の思いだけで切り取ってみるのでは，学ぶ姿勢に欠けることになります。できるだけ多面的に教員の

授業の意図を理解するようにしてください。また，子どもの側，教わる側からも授業を見てみましょう。教員は子どもにわかる話をしていますか。子どもは理解できているでしょうか。理解できていない子どもに，教員はどんなフォローをしていますか。授業に楽しさはありますか，などさまざまな視点が大切です。なお，この場合の楽しさは考えるという「知的な楽しさ」を含んでのことです。

(3) 子ども理解を深める

小学校では授業以外の活動の時間がとても多くあります。朝の会，帰りの会，休み時間，給食，清掃の時間は子ども理解のうえでも大切な時間です。特に休み時間は多くの子どもにとって学校生活の上で一番楽しい時間ですが，教員の目が届きにくく，トラブルが最も起きやすい時間帯でもあります。実習中はできるだけ時間をみつけて，休み時間も子どもたちと一緒に過ごすようにしてください。鬼ごっこに誘って運動場を子どもたちと走りまわるのもいいですね。授業中ではみることのできない子どものありのままの姿に触れて，子ども理解を深めることができるでしょう。

4. 実習を経験して学んだこと

これまで保育実習，幼稚園教育実習，小学校教育実習はそれぞれどのようなものなのかをみてきました。これらの実習を通して実習生は本当にたくさんのことを学ぶことができます。ここでは，大学での学習を現場で実体験しながら学ぶということの意味と，学んだことを実習後にどうするかの2点について考えてみましょう。

(1) 現場で学ぶということ

幼稚園教諭免許状・小学校教諭免許状や保育士資格を取得するためには，大学で多くの理論や技術を学ぶ必要があります。大学で学ぶことはどの教科内容も大切です。ただ，それらは授業を学んだだけでそのまま保育，教育実践ができるわけではありません。たとえば，「保育内容表現」の授業で学んだ製作活動を実習現場でやってみたとします。3歳児のふりをした同級生に対する模擬授業では簡単な説明だけですぐに製作を開始できたのに，実際の3歳児に作り方を伝えるのはとてもむずかしい。「えー，どうするの？」「わからない！」を連発する子どもたち一人ひとりに説明したために作業の開始が大幅に遅れ，その後も計画通りにできた子どもとできない子どもの差が大きくて予定時間に活動を終えることができなかった，担

任の教員の助けでなんとか活動を終えることができたが，冷や汗をびっしょりかいてしまったなど，大学で学んだことを現場で実践してみると，うまくいかないこと，こんなはずではなかったということがたくさんでてきます。予想外の出来事が起きてうまくいかないこともあれば，予想通りうまくいくこともある，両方を体験して学ぶことができる，それが実習です。

　どうか，失敗をおそれないでください。学んだことが単なる知識にとどまっているなら，知識先行で動けない保育者・教員になってしまいます。実習を経験する中で，つまりたくさんの失敗を経験する中で，子どもたちへの理解が深まり，実践力を身につけていくことができるのです。

　失敗を恐れて立ちすくむのではなく，むしろどんどん失敗して，失敗の原因を分析し，それを次の機会に生かしていくことが大切です。

　子どもと遊ぶ，絵本や紙芝居を読む，食事・排泄・着脱の援助を行う，模擬授業を行うなど，実習で経験することは実習生にとってはじめてのことばかりです。当然，最初はうまくいきません。しかし，教員のアドバイスをうけ，自分の行動をふりかえり，改善していくうちに，うまくできるようになってきます。何より，子どもの反応が違ってきます。

　1歳児クラスに入り，担当児の食事の援助がうまくできなくて最初とても困った実習生の話を紹介しましょう。「担任の教員がいるとスムーズに食事ができるのに，人見知りの強いその子は (実習生を見て) 泣きじゃくり，お皿に手をつけようとしなかった。こちらの方が泣きたいくらいだと思いながら，それでもまいにちあれこれ声をかけながら関わっていたが，ある日，好物だったということもあってその子が給食をきれいに平らげました。思わず『わあ，今日はきれいに食べることができたね。ほら，お皿に何も残ってないよ』とお皿をもち上げて声をかけると，その子もにっこり笑ってうなずき，しばらく二人でからのお皿を眺めたことがあった」。その後食事の援助で困ることはなくなったという話です。

　また，模擬授業は4コマでいいといわれたのに，その3倍も授業をした実習生がいます。子どもたちの反応が面白くて夢中になったのだそうです。この前，教員や子どもにこういわれたから今度はこうしたい，もっと良い授業にしたい，欲求がどんどん高まっていき，連日朝の3時過ぎまでパソコンに向かって指導案を練ったそうです。睡眠不足だったけれど，でも楽しかった，やりがいがあってやった分だけ達成感があったとのことでした。このように，子どもの変化に手ごたえを感じながら自分の成長を実感できるのも実習における学びの特徴でしょう。

(2) 学んだことを実習後にどうするか

　実習後の学びはとても大切です。失敗をおそれないでください，と先ほど述べましたが，それは失敗することによって課題を発見することができるからです。「もっとピアノを練習して

おけばよかった」「子ども同士のトラブルの対応で困った」など、実習を通してたくさんの課題を発見できたと思います。それらの課題や反省点を大学での学習につなげていきましょう。苦手なことにも取り組んで力をつけていきましょう。自分が得意なこと好きなことはさらにのばしていきましょう。実習Ⅰで低い評価を受けた実習生が、実習後奮発して努力を重ねた結果、実習Ⅱで高い評価を受けることもあります。現場で実体験して学んだことを、実習後、学内での学習を通じてさらに深めていくことによって、保育・教育に対する理解を深め、実践的な力量を高めていくことができるのです。

　最後に、実習は限られた期間における一つの体験にすぎないということを忘れないでほしいと思います。実習はいくつもの園や小学校でできるわけではなく、たいていは、1カ所、多くても2カ所くらいでしょう。どの園、学校での体験も貴重ですが、それがすべてではありません。特に私立の幼稚園、保育所は、園によって保育の目標や内容が全く異なり、規模や環境も実に多種多様です。同じ園の中でも担任の考え方によって保育の仕方が違うこともよくあることです。それにもかかわらず、一つの園だけの体験をもって、「幼稚園は…」「保育所は…」などと決めつけて進路の幅を狭めてしまう学生がいますが、それはとても残念なことです。自分の体験だけにこだわらず、他の園での実習体験もたくさん聞いてみましょう。実習記録を見せてもらったり、報告会に参加したり、自由時間にさまざまな体験について話し合いましょう。小学校実習を終えた実習生は学級づくり、授業づくりの観点から実習体験をまとめ、みんなに発表して意見を聞いてみましょう。異なる園や学校で実習した仲間と学びを分かち合い、自分の学びの幅を広げていってください。

5. 実習で印象的だったこと

　実習中うれしかったこと、感動したことも仲間とぜひ共有してほしいと思います。ここでは、実習で印象的だったことについてお話ししましょう。

(1) 教員との関わり

　一般論ですが、小学校教育実習ではベテランの教員が実習生を担当することが多いようです。小学校には職員室がありますから、そこで担当以外の教員から声をかけてもらい、さまざまな話を聞くことができて大変勉強になったという話をよく聞きます。小学校の教員は男女半々くらいですが、幼稚園・保育所ではやはり女性の保育者の方が多いです。私立の幼稚園・民間の保育所では保育者の平均年齢が低く、実習生とあまり年齢差のない若い保育者が

指導してくれることもしばしばあります。このように，実習生を指導してくれる教員は経験も性別もさまざまですが，いずれの場合も，教員から多くのことを学ぶことができます。

「担任の教員が日誌をていねいに見て，適切なアドバイスをしてくださったことがとてもうれしかった」「日誌に書いていただいたコメントが心の支えになった」「今はとても教員のように子どもを指導することはできないけれど，いつか自分もこのような教員になりたいと思った」など，多くの実習生が教員との出会いについて話してくれました。将来自分もこうなりたいというモデルになるような教員との出会いは貴重です。ぜひその出会いを大切に育んでいってほしいと思います。

(2) 子どもたちとの交流

実習生は人気者です。子どもたちは若いお兄さん先生，お姉さん先生が大好きです。数人の幼児に取り囲まれ，口々に質問されて誰にどう返事していけばよいのかわからなくて困ったり，「遊ぼう，遊ぼう」と何人もの子どもたちにせがまれて，自分の身体は一つしかないのにどうやって遊べばいいのか途方にくれたりします。「先生！　先生！　といわれて，それだけでうれしく，胸がいっぱいになった」「子どものおかげで明るく素直な気持ちになれた」「子どもからたくさんの元気をもらった」などという話を実習生からよく聞きます。

小学校実習から戻った学生から聞いた話を紹介しましょう。研究授業当日スーツ姿で登場した彼女の姿に，今日は研究授業の日だと察知した子どもたちがいつもより静かに授業に集中し，積極的に手をあげて発表してくれてとても助かったそうです。授業の後，子どもたちが「面白かった」「よかった」といってくれてほっとしたのですが，なかでもふだん黙っている子どもが近寄ってきて笑顔で「よくわかった」といってくれたのが彼女にとって最高の褒め言葉だったようです。研究授業のために何度も指導案を書き直し緊張と寝不足でふらふらだったのが，その子の言葉でそれまでの疲れがふっとび，心から小学校の教員になりたいと思ったそうです。

もちろん，子どもとの関わりは楽しいことばかりではありません。模擬授業で何度も指導案の書き直しをしたり，指導案通りにいかなかったり，苦しいこともたくさんあります。

時々「先生が親切で，子どもたちもかわいくて，実習がとても楽しかった」という感想を述べる実習生がいます。本当かな，「2，3日の実習ならそういうこともあるかもしれないけれど10日間も実習して本当にそうだったのかな」「もしかしたら自分に近寄ってくる子どもとだけかかわっていたんじゃないかな」と思ってしまいます。

実習に行くと，さまざまな姿を見せる子どもに出会います。実習生をたたいたり蹴ったりする子ども，実習生の顔を見て泣き出す子ども，実習生のいうことを全く聞いてくれない子どもなど，さまざまな子どもと出会うことになります。こうした現実の子どもたちの姿に出会っ

て，子どもが好きで教員になろうと思っていたのに，自分は本当に子どもが好きなのだろうか，と悩むようになった実習生がいました。その悩みは子ども理解を深める第一歩であり，貴いものであるといえます。なぜなら，子どもがどうしてそのような行動をとるのかを考え，どうかかわることが子どもにとって望ましいことなのかを問うことが保育者・教員に求められているからです。子どもは自分のために存在しているわけではありません。むしろ反対に，子どもにとって自分はどうあるべきか，何ができるのかを探りながら子ども理解を深めていってほしいと思います。

(3) 若い教員は奇跡を生み出す

　ベテランの小学校の教員から，その方が担当した実習生にまつわる話を聞いたことがあります。教員のクラスには一言もしゃべらない子どもがいたそうです。家庭ではふつうにしゃべっているのですが，学校ではいつも黙っているのです。その子が実習生と親しくなり，教員がふと気がついたときには，実習生と会話を交わすようになっていて，その後はごくふつうにクラスメイトとも話すようになったという話です。その教員がいわれたように「若い教員は奇跡を生み出すことがある」のですね。若い教員とはこの場合，実習生のことです。

　そこまでドラマチックではありませんが，もう一つ実習生から聞いた話を紹介しておきましょう。実習中，一言も口をきいてくれず，遊びに誘っても逃げてしまう男の子がいたそうです。嫌われているのかなと思っていたのが，実習終了日に恥ずかしそうに，でもにこにこしながら「はい，これ」と自分が描いた実習生の似顔絵を手渡してくれたとのこと，思いがけないプレゼントに実習生が感激したことはいうまでもありません。

　今まで話をしなかった子どもが話をしてくれた，心を開いてくれたということの意味を問い返し，自分の心にとどめてほしいと思います。ルソーが「教師は若いほうが良い」，子どもに近いほど良いというような意味のことを述べていますが，それは若い教員の方が，子どもへの共感が自然のうちにできるということなのだと思います。子どもとの心のふれあいの意味を繰り返し問いながら，実習中のこの貴重な体験を一生の宝物として心に刻むことが，その後の保育者・教員としての歩みを支える礎になると思っています。

6. 実習記録，指導案とはどのようなものなのか

　保育実習や教育実習において，実習生は，日々の活動の流れを記録する「実習記録」や，保育活動や授業を行う際に必要となる「指導案」を書く必要があります。各教育機関によって，

実習記録や指導案の形式に違いがみられますが，ここでは，最も一般的なものを紹介します。それでは，実習記録や指導案とは，具体的にどのようなものかをみていきましょう。

(1) 実習記録とは

　実習記録とは，日々の活動の流れを記録するものです。記録をすることによって，保育や授業全体を振り返ることができ，教材や教具をどのように配置しているか，どのように取り扱っているかを注意深く観察し，記録に残しておくことで，担任保育士や教員の保育・教育活動に対する意図を理解する手助けとなります。また，日々の記録を通して，子どもたちの活動に対する理解も深められます。

　実習記録は，A4判2枚程度のものであり，① 実習生の目標，② ねらい，③ 内容，④ 時間，⑤ 環境構成，⑥ 子どもの活動，⑦ 保育士・教員の援助や配慮，⑧ 本日の評価・反省といった項目があります。なお，実習中に実習記録を記入することは困難ですので，小さなメモ帳を持参して，そこに記録をしておきましょう。実習記録を書き終えた後は，担任保育士・教員に提出し，コメントや印鑑をもらいます。

表 8-7　保育実習・幼稚園教育実習における実習記録の例

年　　月　　日（　）クラス：		男児　名，女児　名，合計　名（欠席　名）	
① 実習生の目標	※目的意識をもって実習をするために，学びたいことを書きます		
② ねらい	※担任保育士・教師の保育・教育活動の目的を書きます		
③ 内容	※活動内容を簡潔に書きます		
④ 時間	⑤ 環境構成	⑥ 子どもの活動	⑦ 保育士・教員の援助・配慮
	※机やイス，教材の配置，準備物など，主に図を用いて書きます	※具体的に子どもがどのような活動をしているかを書きます	※担任が，教材や教具をどのように配置しているか，どのような手順で保育・授業をしているかを書きます

⑧ 本日の評価・反省
※1日の実習を通して，気付いたこと，疑問に思ったこと，実習における自身の改善点など，感想や反省点を書きます

担当者：　　　　　　印

(2) 指導案とは

　まず，保育実習や幼稚園教育実習における保育指導案について説明をします。実習が進むにつれ，保育の一部を担当する責任実習が始まります。たとえば，担任保育士・教員から，「お帰りの会にて，手遊びと絵本の読み聞かせをしてください」という参加・責任実習を任されたとします。この時，何の用意もなしに，突然，保育活動を行うことはしません。一体，どのような手遊びや絵本を選べば子どもたちのためになるのか，保育をする際，保育者はどの位置に立ち，どのように子どもたちが座るのか，時間配分はどのようにするのか，といった課題が次々と出てきます。そのため，こうした課題を「指導案」という実習計画書として事前に準備をしておけば，子どもたちを目の前にしても，何ら戸惑うことはありません。このように，指導案とは，見通しをもった保育活動をするために必須のものといえるのです。

　指導案は，A3判1枚程度のものであり，① 前日までの子どもの姿，② ねらい，③ 内容，④ 時間，⑤ 環境構成，⑥ 予想される子どもの活動，⑦ 保育士・教員の援助・配慮といった項目があります。指導案の作成における最も重要な点は，日頃から子どもたちの活動や様子をよく観察しておき，そのうえで，子どもに体験してもらいたいことや学んでほしいことといった「ねらい」を掲げ，そこから具体的な活動内容を計画するという手順です。「ねらい」という目的意識とその目的を達成するための活動内容が整えば，環境構成や予想される子どもの活動，保育士・教員の援助・配慮も随分と書きやすくなります。なお，指導案を作成し

表8-8　保育指導案の例

年　　月　　日（　）クラス：		男児　名，女児　名，合計　名（欠席　名）	
① 前日までの子どもの姿	※前日までの子どもの姿を書くためには，観察実習と参加実習の期間において，できるだけ詳しく実習記録を記入しておく必要があります。		
② ねらい	※子どもに体験させたいこと，学ばせたいことを書きます		
③ 内容	※活動内容を簡潔に書きます		
④ 時間	⑤ 環境構成	⑥ 予想される子どもの活動	⑦ 保育士・教員の援助・配慮
	※机やイス，教材の配置，準備物など，主に図を用いて書きます	※子どもたちが，保育士・教員が用意した環境にどのように関わっているか，また，子どもたちに経験させたい内容を具体的に書きます	※支援を要する子どもへの具体的な対応について書きます

表 8-9　小学校教育実習の指導案の例

第○学年○組　　○○科学習指導案

日　時：　年　月　日（　）第　限
対　象：　　　年　　　組
指導者：

1. 単元名　　_____

2. 単元について
   (1) 児童観…単元の内容に応じて，児童の実態を具体的に書きます
   (2) 教材観…取り扱う教材の特徴，児童の内面に育てたい力などを書きます
   (3) 指導観…児童観や教材観を踏まえて，授業方法の工夫や評価の仕方，指導上の留意点を書きます

3. 単元の目標…学習指導要領に掲げられた目標を踏まえて，本単元での到達目標を具体的に書きます

4. 単元の評価基準

知識・技能	思考・判断・表現	主体的に学習に取り組む態度 (学びに向かう力・人間性)
※教科によって，評価の観点は異なる場合があります		

5. 本単元における主体的・対話的で深い学び・学習評価の工夫
   (1) 主体的・対話的で深い学びについての工夫
   　　…　各教科の提示されている「見方・考え方」を軸として，「主体的・対話的で深い学び」を実現するための工夫について書きます
   (2) 学習評価の工夫について
   　　…　「主体的・対話的で深い学び」の工夫として取り組む活動内容を書きます

6. 指導と評価の計画（全○時間）

7. 本時の展開
   (1) 本時の目標…単元の目標を踏まえて，重点化した本時の目標を書きます
   (2) 観点別評価基準…単元の評価基準をもとに，本時における評価基準を書きます
   (3) 準備物
   (4) 本時の学習の展開

時間		学習活動	教員の発問 予想される児童の反応	指導上の留意点	評価基準・方法
	導　入				
	展　開				
	まとめ				

た後は，必ず担任保育士・教員に目を通してもらい，アドバイスをもらいましょう。そのためには，観察実習が始まってからすぐにでも，指導案の作成を始めるべきだといえます。

次に，小学校教育実習の指導案について説明をします。小学校教育は，小学校学習指導要領に基づいて教育活動が実施されています。小学校教育実習の指導案の作成にあたっては，文部科学省が全ての教科の指導案を提示していますので，まずは参考にしながら，書き方の基本を学びましょう。指導案では，単元と呼ばれる一定の教育目的に基づいた学習計画に基づき，実習生は単元の一部分の授業を担当することになります。表8-9に，指導案の例を掲載しておきますので，参考にしてください。

カフェタイム（コラム）⑧

ちょっと知っておきたい 手紙の書き方（保育所・幼稚園・施設実習）

　　日本には四季があります。その季節を知るものさし「二十四節気(にじゅうしせっき)」をご存じですか。

　「立春」「夏至」「冬至」などがその一つで，昔の人々は一年を24に区切って種まきや収穫の目安にしていたのです。お礼状の最初は，自分が感じたオリジナルの季節の挨拶を書いてみましょう。「夏空が眩しく感じられる頃となりました」「梅雨の中休みとなったのか，今朝はさわやかな青空が広がっています」など，筆者のゼミ学生が夏の実習後に出したお礼状の例です。また実習先に対する感謝の気持ちを自分の言葉で書くとともに，「お話の好きな利用者さんと関わっている時，会話の中でさまざまな表情を見ることができ，特に笑顔を見ることができたことがすごくうれしかったです」（障害者施設）など簡単なエピソードを添えることも大事なことです。実習生のお礼状は職員全員で回覧しています。先方のお顔を思いながらお礼の気持ちをしたためましょう。

カフェタイム（コラム）⑨

ちょっと知っておきたい　手紙の書き方（小学校実習）

　お礼状は，ご指導いただいた実習先の校長先生はじめ教職員への感謝の気持ちを伝えるための大切なコミュニケーションツールです。実習終了後，1週間以内にお礼状を書きましょう。実習中に学んだことなど，具体的な事例を取り上げながら，感謝の気持ちを表すようにしましょう。また，手紙の書き方のマナーとして，次の点に留意しましょう。

- ◆ 構成（全体の組み立て）を考える。
    - ① 「拝啓」などの頭語
    - ② 時候や安否のあいさつ
    - ③ お礼の気持ちを述べる本文
    - ④ 結びのあいさつ
    - ⑤ 「敬具」などの結語
    - ⑥ 日付・差出人名・宛名
- ◆ 筆記用具は，万年筆などのペンを使用する。インクは黒色を使用する。
- ◆ 便せんは，白地で模様などがなく，縦書き用のものを使用する。
- ◆ 封筒は，白地で縦長の二重封筒を使用する。
- ◆ 手紙は三つ折りにし，封はのり付けが基本である（セロハンテープやホチキスは不可）。

　手紙の書き方は，専門学校，短期大学，大学における「教育実習指導」等の講義で学習します。学習したことを参考にし，心のこもったお礼状を書きましょう。

第9章
育てる，つくる【植物編，遊びとちょっとした工作】
－いろいろな体験は将来の宝に

1. わたしたちの体の栄養のもとになる野菜や果物を育てましょう！"もちろん食べるよ！"

　生きていくうえで私たちの体を支える最も大切なものは，食べ物です。保育所・幼稚園では，朝登園しカバンや持ち物を決められた場所に置いた子どもが，まず調理室を覗き調理者に向かって，「今日のお給食（おやつ）なに？」と大声で尋ねる様子がよく見られます。

　食べることは，命をつなぐこと，体を作ること，つまり脳を育てることですから自主自立のために，自分の手で野菜を育てる楽しみ・味わう喜びを，この幼児期に体験しておく必要があります。人間が，80歳・90歳・100歳まで生きるための，丈夫な［腸内細菌］の働きを活発にさせる基礎が，この乳幼児期にできるからです。

　「ハンバーグ大好き」「スナック菓子大好き」「毎日ジュース」「野菜は苦手」などといった偏った食習慣がつかないようにするために，心に《楽しい食に関する思い出》を作ることが一番の方法です。

(1) 野菜を育てましょう

　園で育てることができる野菜は，《じゃがいも》《たまねぎ》《だいこん》《さつまいも》《オクラ》《トウモロコシ》《キュウリ・トマト・スイカなどの夏野菜》《かぼちゃ》《ぶどう》《ウメ》《柿》《ぎんなん》《グミ》《キウイフルーツ》…そのほか何でもOK！

　　　⇒とれたてで食するのは，なんと新鮮なことでしょう！！

【一口メモ】
　①《じゃがいも》
　　・一般的には1月から2・3月に半分（50g位）に切った種イモを植えます。

- 〈秋じゃが〉といって8月頃に植える時には，種イモは切らずに丸のまま植えます。

② 《たまねぎ》

- 根は真っすぐ垂直に植えましょう。
- 苗は，太さの同じものを近くに植えましょう。

③ 《だいこん》

- 移植でなく直播にします。
- 収穫した大根を絵に描かせたい時は，青首大根の種を蒔きましょう。

④ 《さつまいも》

- 畑に植える場合は，次の2節の項目を参考にしてください。
- 玄関などには，きれいな水盤やお皿の中で，水栽培をするのもおもしろいですね。朝顔のような花が咲きます。

⑤ 《オクラ》

- 南国の植物（花はハイビスカスのよう）なので，暖かくなってから蒔きましょう。早く蒔いても芽が出ません。

⑥ 《トウモロコシ》

- 必ず2条植えにしましょう。（交配を容易にするため）
- トウモロコシの雄花は木のてっぺんのツンツンした花です。雌花は実の上に出てくる毛のようなものです。
- 交配は風に任せましょう。何にもしなくていいのです。
- 甘口のハニーバンタムなどのスイートコーンは，収穫の頃にカラスやヒヨドリに食べられないように収穫の時期が近付いたら，網で囲ってみましょう。
- ポップコーン用のトウモロコシには，カラスもヒヨドリも食べにきませんからご安心を…。

⑦ 《キュウリ・トマト・スイカなどの夏野菜》

- 種を蒔くより，苗を買うといいです。
- キュウリは，「5月の八十八夜が過ぎてから植えなさい」という言い伝えがあります。あまり早く植えると霜の害を受けるからです。最近は地球温暖化なのであまり気にしないで植えるようになりましたが…ね。

- 植える時に，肥料が苗の根に直接当たらないようにしましょう。
- つるが伸びてきたら，必要に応じてつるを支柱にくくります。
- スイカは苗を植えたら，苗の周りにわらを敷いて這わせます。キュウリやトマトより

も広い場所が必要です。もしも広い場所がなかったら，フェンスなどにつたわせてもいいですよ。
・フェンスのスイカが実って大きくなってきたら，重みに耐えられるように，玉ねぎネットなどのビニール製の袋に入れてフェンスに吊るしてあげましょう。

⑧《かぼちゃ》

・スイカと同じように苗を植えます。
・雌花が咲いたら，雄花を茎ごと切り取って花びらを外して花粉を雌花に授粉してください。これを交配といいます。
　［雄花と雌花の見分け方］
　♂雄花は，長く伸びた茎に花が付いているだけです。
　♀雌花は，茎が短く，花の下に赤ちゃんのかぼちゃ玉がついています。
・もしも，交配をしないと…実らないで，花も赤ちゃんの玉もションボリとなって色が茶色に変わって腐って落ちてしまうか，変形したかぼちゃが実ることがあります。

⑨《ぶどう》
・12月から3月の間に剪定して，4月頃の新芽を伸ばし，その後の脇芽は取ります。
・1本の木にたくさんの実を付けさせると，甘みの少ないブドウができます。
・1つの枝に2房か3房だけになるようにし，不要な房は切り落としましょう。

⑩《ウメ》《柿》《キウイフルーツ》などの落葉果樹
・落葉期（1月頃まで）に剪定をします。ウメ・柿は葉っぱがなくなったら，早めに。キウイフルーツは，切り口から汁が出ない時期（1月中）に必ず行いましょう。
《ぎんなん》…実や葉っぱに触るとかぶれることがありますので注意をしてください。
《グミ》…実が，赤くというより黒くなったら，食べられます。

(2) 5歳児は，《My 野菜》を育てましょう！　もちろんクラスごとや共同でも OK！

　キュウリ・なす・トマト・ピーマン・にんじん？　"そんなのキライ!!"という野菜嫌いの子どもが増えています。"イヤイヤ""渋々"ながらも自己所有欲の芽生えるこの時期に「自分だけの野菜」を選び，身近で世話をし育てる楽しい経験をすれば手塩にかけて育てた野菜に愛着をもち，収穫の後には「このピーマンおいしいね」といって食べる子どもが現れることで

しょう。そこが保育者の腕の見せ所ですね。
　　⇒カレーパーティー・お好み焼き会・豚汁会・おでんパーティー・流しそうめん…などをして夏野菜を育てた実績を高く評価してほめてあげましょう!!

(3) カイワレ大根を育てましょう（園児も学生も自宅で家族と栽培，観察，食する）

用意するもの：カイワレ大根の種適量，プリンカップなどの空き容器，脱脂綿少々，水
方　　法：① 空き容器（高さ5〜6cm位）の底に脱脂綿を薄く敷く
　　　　　② 水を脱脂綿ひたひたに注ぐ
　　　　　③ カイワレ大根の種をやや混み具合に蒔く（均等間隔がよい）
　　　　　④ 朝に昼に夜に，いつとなくこまめに観察
　　　　　⑤ 水が切れないように，こまめに補充
食べる：① サラダに・ご飯に・丼物に…など
　　　　② ご感想は？　これが楽しい〜♪
失敗談：① 水やりを忘れた！⇒「食べられなかったんです」…朝晩しっかり観察し，水やりしましょう。
　　　　② いつ食べたらいいんですか？　わかりません。⇒食べごろを知ること，普段食べているものの状態を参考にし，自分で判断することは，保育の大切なポイントです。

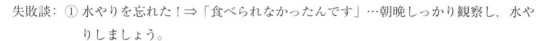

2. さつまいもを育てて，いもほりしようよ！やきいももたのしいよ！

(1) さつまいものつるさし…紅アズマ・紅コウケイ・アメリカイモ・ニンジンイモなど（いもの種類も多い）

　さつまいものつるさしは，5・6月頃に行います。幅1m位の畝に，20〜25cm位の長さの「つる」を，30cm位の間隔で，斜めまたは真横に寝かせて土の中に埋め，芽の部分が10cm位出るようにして，埋めた部分の土をしっかり押さえつけておきます。畝が小さいと大きなお芋はできません。夏場は雑草の伸びるのが速いので，草取りをまめに行いましょう。

【一口メモ】
草取りの際にいもが出てきてしまったら，土を被せていもがみえないようにしておきます。

(2) いもほり

10月上旬ころ，いもが大きくなったら，予め「つる」を刈り取っておいてみんなで掘りましょう。軍手は使わないで，素手で土の感触を味わってください。♪でぶいもちゃん土の中でなにしてた～の♪などと歌いながら…。なかなか掘れない。ウウウ…。「あっ」子どもたちに"頑張りの精神"と「やっと，採れた。うれし～い！」という"達成感"などを味わわせ感動することはなにより大きな収穫ですね。

(3) やきいも

ほんとは，園庭で松葉や松ぼっくりを大量に燃やした後に，洗ったいもを新聞紙・アルミホイルで巻いて投げ入れて30～50分くらい待ち，いい匂いがしてきたら柔らかくなったものから取り出して，「あっちちのちー」といいながら食べるのが一番いいのですが，最近は，防火安全・公害の点で焚き火ができないことが多いのです。せめて，ホットプレートで輪切りの「スライスやきいも」をしてやきいもパーティーなどしてみたらいかが？

作り方： ① いもは洗って5～7cm位の厚さに切り，水を入れたボウルに浸してアクを出す。
　　　　 ② 水が少し白く濁ったら，ザルにあげて，熱したホットプレートに油をひかずに並べて蓋をして蒸し焼きにする。
　　　　 ③ いもを一度裏返して，いもが少し色濃い黄色になったら，菜箸で刺してみて柔らかくなっていればOKです。火傷をしないように気をつけてくださいね！

3. 季節感，あそびの行事には敏感に！

(1) タンポポの茎笛（春）

① 直径5～6mm位の太さのタンポポの茎を長さ6～7mmに指でちぎる。
② 切り口が舌に当たらないように口にくわえて，吹く。
③ いい音が出たら成功!!（犬や人の散歩道に咲いているタンポポでなく，衛生的な場所に咲いている茎の長いものを選ぶこと）

(2) しろつめぐさを使って，相撲ごっこ（春）

① しろつめぐさをたくさん摘んで，2人で向かい合う。
② 一人は1本の花を下にしてもつ。
③ もう一人は，自分の花1本をもち，相手の花を横から振り払う。

④ 相手の白い花の部分が千切れてしまうと『勝ち』となる。
⑤ 何回か勝負をして，勝った回数の多い人が優勝となる。

(3) しろつめぐさを摘んで，かんむり作り (春)

① しろつめぐさ4～5本を芯にして，次からは2本のしろつめぐさを「の」の字のように巻きつけて長くしていく。
② 巻きつけることを繰り返し，好みの長さになったら，最初の部分を一緒に束ねて「輪」にする。

(4) どろんこ遊び (夏)

　水着になって，水とどろに触る，泥まんじゅうを作る，などの活動は保育効果が大きい活動です。最初は手先だけ，足先だけ，そのうちに二の腕も，太ももも，背中にも，などと発展し，ついには全身どろだらけとなります。どろんこ遊びにもさまざまな段階があり，母親の育児姿勢や洗濯事情などに影響をされやすいので，そこまで到達するのに時間がかかります。
　保育の場では，ビニールシートに悪者のイラストを描いて，みんなで泥まんじゅうを投げつけて悪者退治をするなどと設定すると，仲間意識も育って最高におもしろいです。
　全てが終わって「あ～あ，楽しかった」と満足感を味わった後は，水またはぬるめのお湯でしっかりと体を洗いましょう。特に髪の毛の中や耳の後ろ，手足の指のあいだなどを丁寧に洗いましょう。どろんこ遊びでは，保護者の方に理解を得ておくことも忘れないようにしましょう。

(5) 落ち葉の滑り台であそぼう！ (秋)

　森や林の中の斜面をみつけて，落ち葉の上を滑りましょう。段ボールなどをお尻が乗るくらいの大きさにして敷いて遊びましょう。春の頃に草のある土手で遊んでもおもしろいです。

(6) たこあげ　あれこれ (冬)

　スーパーの袋を切り開いた長方形に，油性ペンで絵を描き，4角を凧糸でくくって，その凧糸を1本に結べば簡単なカイトができます。4・5歳児は本格的な和紙の凧作りがおすすめで

第9章　育てる，つくる【植物編，遊びとちょっとした工作】　79

す。1・2歳児は，スーパーの袋に子どもが絵を描いて，持ち手の部分に凧糸の代わりにポリエチレンテープを2～3m付ければ，大喜びで走り回って遊べます。ふくらんだ凧が子どもを追いかけるその情景はなんと微笑ましいことでしょう。

4. 身近にあるもので，ちょっとした製作をしよう！

(1) 牛乳パックの底を切り取って，「びゅんびゅんごま」を作ってあそぼう

用意するもの：牛乳パックなどの底紙，凧糸（太さ約1.1mm位，長さ1m），カラービニールテープ，目打ちとハサミ，絵本『びゅんびゅんごまがまわったら』（宮川ひろ作，林明子絵，童心社）

作り方：導入として，絵本『びゅんびゅんごまがまわったら』を読み聞かせる。
　　　　① 牛乳パックの底の縁を切り落とし，正方形に切る。
　　　　② 中心部に7mm位の間隔の穴を2つ開ける。
　　　　③ 凧糸を通し，結ぶ。

遊　ぶ：① 回す（絵本のストーリーを参考に，1つ回せたら，2つ目を回す目標）。
　　　　② びゅんびゅんごままわし大会をする（個人戦，グループ対抗など）。

(2) 粉ミルクなどの空き缶を使って，「マフラー作り」！　プレゼントにもいいよ！

用意するもの：直径13cm以上の空缶，缶切り，竹製先細割り箸約16本，ガムテープ，並太毛糸，ハサミ

作り方：編み器　① 粉ミルクの空き缶などの底を缶切りで抜く。切り口はガムテープで安全に。
　　　　　　　② 切り口の方の外側に，ガムテープで割り箸を等間隔に固定する（割り箸の細い部分が，缶の縁から2.5cm位上に出るように）。

　　　編み方　① 1段目＝毛糸の端を左にし，割り箸の前後を渡して1周する。
　　　　　　　② 2段目＝前段糸の上側に糸を置き，前段糸を引っ張り内側に落とす。
　　　　　以降　好みの長さになるまで②を繰り返す。
　　　　　　　＊色を替えたい場合は，結ばないで先の糸を長くして切り，次の糸も余分

80

　　　　　　　　　に長くしておき，後で目立たないように入れ込む。
　　　　仕上げ　①缶1周分くらいの長さで糸を切る。
　　　　　　　　②割り箸の目一つに①の糸を通しながら割り箸から外す。
　　　　　　ポンポン，またはフリンジ（ふさ）を付ける。
　活用法：クリスマスの前に，ある5歳児は7つも作りました。「あのね，おじいちゃんとネ，おばあちゃんとネ…」と指を折りながら，嬉しそうに話す子どもの表情のなんと輝かしいことでしょう。手作りをして，人を喜ばせる経験ができる!!ということは，ほんとに素敵でハッピーなことですね！

5. 失敗は成功のもと－めげずに前向きチャレンジ！

失敗例1．"ポップコーンが爆（は）ぜないじゃんかー"

　園児100余名を集めて，クッキング保育をした時のことです。「フライパンの中でポップコーンが弾ける瞬間を子どもたちに見せたい」とゆか先生は張り切っていました。子どもたちはどんなふうになるのかと眼を凝らしてフライパンの透明蓋の中に注目し，爆発の時を今か今かと待ちました。「あれ？　おかしいな」とゆか先生が慌てだしました。何度挑戦しても鍋の中のトウモ
ロコシに変化はありません。園長が呼ばれて，同じようにやって挑戦しましたが，やはり爆（は）ぜません。「ごめんね。また明日やろうね」ゆか先生は子どもたちに謝りました。
　翌日，園長は自宅で採れた十分に乾燥したポップコーンをもってきてゆか先生に渡しました。再び全園児が集められ，再度挑戦です。もちろん成功です!!　子どもたちは，眼を見張り，大歓声をあげました。ゆか先生は「ああ，これでゆか先生もお嫁にいける!!」と大声でいいました。「よかったねー，ゆか先生」子どもたちも教員方も大喝采で大喜びでした。

失敗例2．オクラの収穫

　5歳児クラスの担任のまり先生は，初めて「オクラの栽培」をしました。
　"園長先生，オクラが一つ実りました。もう採ってもいいですか？"　"いいですよ"…　しばらくして，まり先生が困った顔でやってきました。
　"園長先生，ハサミでオクラを切ったら，間違えてオクラじゃないとこ切っちゃいました。すみませ～ん"というのです。急いで畑に行ってみると，アララたいへん。成長不良のちっ

ちゃなオクラの幹の上の部分が，皮の一部分だけでつながっていてダラリと垂れ下がっていました。

"まり先生，大ケガだね。そこにガムテープでも巻いておいたらどう？"と園長先生にいわれて，まり先生は，細く裂いたガムテープを苦労して巻いてみました。そうです。応急処置が功を奏して，その後もオクラが何個か実りましたよ。

［オクラ収穫期のアドバイス］

もう大きくなって硬くて食べられなくなってしまったオクラは，そのまま収穫しないで枝にならせておき，茶色くなって5つの角が割れてしまうまで観察し，樹木を片づける頃に"タネ"として保存して来年に備えましょう。

保育は指導計画のとおりにはいきません。失敗はとても大切な出来事なのです。子どもも教員も，失敗したら誠意をもって謝ります。責任は果たさなくてはいけません。他人の失敗は大目に見てあげましょう。この失敗が将来の成功をもたらすカギとなるのです。そして，決してあきらめないこと，「もう一回」と自ら挑戦することと，人にチャンスをあげる，つまり待ってあげる（長い目でみる）ことが大人に成長するために大切です。

カフェタイム（コラム）⑩

ちょっと知っておきたい 博物館活用術！

「博物館」と聞くとみなさんはどのような施設を思い浮かべますか？ 博物館法が定める登録博物館，博物館相当施設には，博物館や美術館だけでなく動物園，水族館，科学館なども含まれます。つまり，私たち大人だけでなく幼い子どもも楽しめる施設が多く含まれているのです。そして，動物園には親子遠足で，科学館には卒園遠足で…というように園生活にも関わってきます。美術館のように静かな場は，五感をフルに働かせながら生活する幼い子どもと関わりが少なそうに感じるかもしれません。しかし，幼い子ども向けの鑑賞プログラムが検討され始めるなど子どもの経験の広がりが予想されます。また，保育者の専門性の一つに得意分野の向上があげられますが，この得意分野につながる保育学生の興味・関心事柄と前述した博物館には共通内容が多いという報告もあります。みなさんもぜひ保育者目線でさまざまな博物館を訪れ，子どものための博物館を楽しんでみてください！

第10章
保育者・教員になるためには

1. 資格・免許をとるには

　ここでは，保育士資格・幼稚園教諭免許・小学校教諭免許を取得するためにはどのような学びが必要なのかを把握します。保育者として活躍するためには，幼稚園教諭免許や保育士資格が必要となります。また，保幼小連携が掲げられてきた今日，保育者の現場では保育者と小学校教員の相互理解の機会や接続の動きが進められています。そのため，保育科で小学校教諭1種免許の取得も可能な大学もあります。

　保育士資格，幼稚園教諭免許については，2年制課程の短期大学や専門学校でも取得することができます。保育士資格は国家資格で資格の種別はなく，保育士養成校で学ぶ以外に国家試験を受験して保育士資格を取得する方法もあります。幼稚園教諭免許において，2年制課程で取得できるものは，幼稚園教諭2種免許となります。小学校教諭免許において，2年制課程の短期大学で取得できるものは，小学校教諭2種免許となります。4年制課程である大学では小学校教諭1種免許を取得することができます。

　資格の取得に関しては，2年間という短いスパンの中で取得を目指し，社会ですぐに活躍できる点はメリットといえますが，実習と履修科目に追われ，非常に慌ただしく忙しい日々を送ることになります。また，保育士資格，幼稚園教諭免許，小学校教諭免許においては，4年制課程の大学においても取得できます。保育士資格は先ほど述べたように，資格の種別が変わることはありませんが，幼稚園教諭免許及び小学校教諭免許はそれぞれ1種免許の取得ができます。大学4年間という余裕のある期間の中で，さまざまな資格や免許が取得できるというメリットがありますが，その分多くの学費や時間を捻出しなければならないということがあげられます。

　したがって，保育者養成では，保育者としての差が生じるのは4年制か2年制かということが問われるのではなく，質の高い保育者の育成が一層求められています。つまり，保育者

を目指す志を高め，努力を怠らず自己研鑽をしていけるかどうかが重要となります。

　幼稚園教諭免許及び小学校教諭免許は，次のステップとして大学院に進学したり，規定の科目を履修したりすることにより，それぞれ専修免許を取得することができます。将来，専門職として質の向上を目指す場合には，専修免許を取得し，キャリアアップにつなげていくとよいでしょう。

2. 保育士になるには

　保育士として活躍するためには，保育士資格（国家資格）が必要となります。保育士の資格を取得する方法を大別すると2通りあります。保育士試験に合格する方法と保育士養成課程を置く4年制大学や短期大学，専門学校で取得する方法です。

　また，保育士資格に関しては，保育養成校以外での取得方法として，国家試験を受験して合格することで保育士資格を取得することができます。そのため，社会人となってから受験をすることも可能です。しかし，合格率は平均20％前後（平成27年度22.8％）となっており，保育士試験の難易度は高いことがわかると思います。

　さらに，全国保育士養成協議会ホームページによると，「平成27年通常国会で成立した『国家戦略特別区域法及び構造改革特別区域法の一部を改正する法律』により，資格取得後3年間は当該自治体内のみで保育士として働くことができ，4年目以降は全国で働くことができる『地域限定保育士（正式名称：国家戦略特別区域限定保育士）』となるための試験実施が新たに創設されました。この試験は，全国で行われる試験に加えて，2回目の試験として実施します」とされています。以下に「地域限定保育士」について記します。

---

① 地域限定保育士試験の合格者は，地域限定保育士として登録後，3年間は受験した自治体（特区区域内）のみで保育士として働くことができる資格が付与されます。

② 地域限定保育士の登録を行ってから，3年を経過すれば，全国で「保育士」として働くことができます。

③ 通常の保育士試験で合格した科目については，地域限定保育士試験においても免除されます。また，地域限定保育士試験で合格した科目も，次回以降の保育士試験において免除できます。

（出所）全国保育士養成協議会「地域限定保育士試験の実施について」より抜粋

下記は，平成 29 年度の保育士国家試験についての概要となります。平成 29 年からは，保育士国家試験は，年 2 回行われています。

試験日　1回目	筆記試験：平成 29 年 4 月 22 日（土），4 月 23 日（日） 実技試験：平成 28 年 7 月 2 日（日）
試験日　2回目	筆記試験：平成 29 年 10 月 21 日（土），10 月 22 日（日） 実技試験：平成 29 年 12 月 10 日（日）
試験地	各都道府県
受験資格	・学校教育法による大学に 2 年以上在学して 62 単位以上修得した者 ・短期大学の最終学年に在学している者であって，年度中に卒業することが 　見込まれる者であると当該学校の長が認めた者 ・専修学校の専門課程または各種学校を卒業した者 ・高等学校を卒業した者もしくは中等教育学校を卒業した者 　もしくは通常の課程による 12 年の学校教育を修了した者など
試験科目	**筆記試験科目** 1.　保育原理 2.　教育原理及び社会的養護 3.　児童家庭福祉 4.　社会福祉 5.　保育の心理学 6.　子どもの保健 7.　子どもの食と栄養 8.　保育実習理論 **実技試験分野** 1.　音楽表現に関する技術 2.　造形表現に関する技術 3.　言語表現に関する技術
試験方法	筆記試験はマークシート方式で全ての試験で 6 割以上の正解が求められます。

（出所）全国保育士養成協議会の資料をもとに作成

　保育士も幼稚園教諭と同様に保育の力量を高めるための研修が必要となります。保育所保育指針では第 7 章に職員の資質向上について書かれており，職員の研修などについては以下のように述べられています。

---

(1) 職員は，子どもの保育及び保護者に対する保育に関する指導が適切に行われるように，自己評価に基づく課題等を踏まえ，保育所内外の研修などを通じて，必要な知識及び技術の修得，維持及び向上に努めなければならない。

（2）職員一人一人が課題を持って主体的に学ぶとともに，他の職員や地域の関係機関
　　など，様々な人や場との関わりの中で共に学び合う環境を醸成していくことによ
　　り，保育所の活性化を図っていくことが求められる。

　保育士資格は国家資格となりますので，幼稚園教諭免許状のように資格の種類があるわけ
ではありません。幼稚園教諭免許のように更新などの講習もありません。一度，保育士資格
を取得すれば，保育士として勤務していなくても，資格が無効になることもありません。その
ため，研修や講習の機会が少ないことが懸念されています。また，実際の保育現場では，日々
の保育を振り返る余裕さえもない保育士の状況が見受けられることもあります。また，幼稚
園と比較した場合，保育所は保育時間が長いうえに，さまざまな保育サービスに応えていく
ために，勤務も早番や遅番といったシフト制の勤務体制となっています。
　保育士は，人格形成の基礎を培う重要な時期の子どもと関わる仕事です。そのため，保育
技術や知識だけでなく，豊かな感性や人間性など多岐に渡る専門性が非常に求められる職業
であり，保育の質を高めることが一層求められています。「生きる力の基礎を培う」乳幼児期
の生活の場で，保育士は子ども一人ひとりの多様な個性を評価し，引き出し，育むことがで
きる存在でなければなりません。そのためには，常に自己研鑽を行い，学び続けていくことが
必要となります。保育士がさまざまな研修の機会を受けるように配慮し，労働時間や賃金を
見直すとともに，結婚や出産をしても働き続けていける職場環境へ早急に整えていくことが
課題となっています。保育士として誇りをもって働けるような職場環境に変え，魅力ある職
業として見直していくことが，保育士の質の向上につながっていくうえで必要であるといえ
ます。

3. 幼稚園教諭になるには

　幼稚園教諭免許の場合，2種免許状，1種免許状，専修免許状の3つに分けられています。
2種免許は短期大学や専門学校で取得でき，1種免許は4年制課程の大学，専修免許は大学院
修士課程で取得できます。公立の場合，取得免許状によって給与に差が出ることや，園長な
どの管理職を目指すという理由から，勤務しながら上級免許の取得に励み，幼稚園教諭とし
てのキャリアアップを図る教員もいます。2種免許から1種免許への上級免許を取得するに
は，大学を卒業していなくても，科目履修等で定められた単位を取れば1種免許を取得する
ことができます。

また，幼稚園教諭免許を取得する方法として，幼稚園教員資格認定試験制度があります。幼稚園教員資格認定試験は，試験に合格すると幼稚園教諭の2種免許状が授与されます。認定試験の受験資格は以下のとおりです。

児童福祉施設，認定こども園において，国の基準に基づいて認可を受けた施設（地方公共団体独自の基準に基づき認可などを受けた施設〔いわゆる認証保育園など〕や無認可保育園は含まない）で保育士として3年以上（勤務時間の合計4,320時間以上）従事した者です。高等学校を卒業した者，その他大学に入学する資格を有する者で，平成9年4月1日までに出生したもの，なお一月当たり120時間以上従事していない期間については，本期間から除算することとなります。3年以上の従事経験年数には認証保育園，無認可保育園などでの勤務期間は算入することはできません。

第1次試験

区　　分	内　　容	方　　法
教職に関する科目 (I)	〔教職に関する科目の必要な事項〕教育職員免許法施行規則第6条第1項表の「教職の意義等に関する科目」及び「教育の基礎理論に関する科目」における幼稚園教諭免許取得に必要な専門的事項〔幼稚園教員養成機関における授業科目名称の例〕教職概論，幼児教育教師論，教育行財政，幼児教育学，幼児教育心理学，教育制度論，教育行政学，教育社会学，教育経営論等	筆記試験（択一式とする。）
教職に関する科目 (II)	〔教職に関する科目の必要な事項〕教育職員免許法施行規則第6条第1項表の「教育課程及び指導法に関する科目」及び「生徒指導，教育相談及び進路指導等に関する科目」に関する専門的事項〔幼稚園教員養成機関における授業科目名称の例〕教育課程論，教育内容論，学習指導論，教育方法・技術論，保育内容指導法，幼児理解，教育相談等	筆記試験（択一式とする。）

第2次試験

区　　分	内　　容	方　　法
教職に関する科目 (III)	〔教職に関する科目の必要な事項〕教育職員免許法施行規則第6条第1項表における幼稚園教諭免許取得に必要な専門的事項〔幼稚園教員養成機関における授業科目名称の例〕教職に関する科目 (I) (II) を参照のこと。	筆記試験（論述式とする。）
指導案の作成に関する試験	共通課題をもとにした指導案（週案，日案）の作成に関する試験	筆記試験（論述式とする。）

（出所）文部科学省ホームページ初等中等教育局教職員課より抜粋

保育のニーズが多様化したことでより一層保育者の質の向上が求められています。さらに，認定こども園法の改正により，新たな「幼保連携型認定こども園」では，「保育教諭」として幼稚園教諭免許と保育士資格の両方を保持する者が保育者として求められる動向となってきています。近年では幼稚園教諭免許は，2年制課程と4年制課程における1種と2種の免許の相違は生じても根本的な教師としての役割に相違があってはならないと考えられます。保育現場からみてみると，保育の学びが4年課程か2年課程であるかどうかで優劣を判断されることはないようです。保育においては，手遊びや絵本の読み聞かせ，歌やピアノなど子どもを保育する際に必要な技術や指導計画の作成や保護者支援など専門性が求められます。しかし，教師の資質は保育の知識や技術だけでなく，むしろ人間性の部分に比重が置かれており，豊かな感性をもつ保育者が求められています。

4. 小学校教諭になるには

　小学校教諭になるためには，教員免許を取得することが必要となります。大学や短期大学で教職課程単位を修得することで，小学校教員免許を取得することができます。小学校教諭普通免許状には，大学で取得できる1種免許状，短期大学・専門学校で取得できる2種免許状，大学院で取得できる専修免許状の3種類があります。なお，教職課程を履修していない人であっても，「教員資格認定試験」に合格することができれば，小学校教諭2種免許状を取得することができます。

　平成29年度における小学校教員資格認定試験の受験資格においては，高等学校を卒業した者，その他大学（短期大学及び文部科学大臣の指定する教員養成機関を含む）に入学する資格を有する者で，平成9年4月1日までに出生した者となっています。試験の内容及び方法は以下のとおりです。

1次試験

区　分	内　容	方　法
教職に関する科目（I）	教育原理，教育心理学，特別活動，生徒指導等教職に関する専門的事項	筆記試験（択一式とする。）
教職に関する科目（II）	小学校の各教科の指導法及びこれに付随する基礎的な教科内容（ただし，受験に当たっては，音楽，図画工作及び体育の各教科のうち2教科以上を含む6教科を9教科の中からあらかじめ選択すること。）	筆記試験（択一式とする。）

2次試験

区　分	内　　容	方　法
教科に関する科目	小学校の各教科に関する専門的事項 （9教科の中から1教科をあらかじめ選択して受験すること。）	筆記試験（論述式とする。）
教職に関する科目（III）	音楽，図画工作及び体育 （音楽，図画工作及び体育の3教科について第1次試験において受験したもののうち2教科をあらかじめ選択して受験すること。）	実技試験
口述試験	小学校教員として必要な能力等の全般に関する事項	口述試験

（出所）文部科学省ホームページ初等中等教育局教職員課より抜粋

　教員免許を取得し，実際に教員として勤務するには，公立学校で働くか，私立学校で働くかの選択があります。公立の場合には，各都道府県などで実施されている教員採用候補者試験を受験し合格して採用されることになります。私立の場合には，各小学校の教員採用試験を受験し合格することで働くことができます。

　小学校教諭の仕事は非常に多岐に渡っています。教員とは学業を教えるだけでなく，生活指導やクラブ活動などの指導，保護者支援や学校内における運営上必要な業務分担である校務分掌まで幅広い仕事を担っているのが現状です。教員とは教え導くだけでなく，児童や生徒との出会いを通して学ぶことができる仕事です。児童と共に過ごすことで，時には大変なこともあるものの感動することができることは，他の仕事では得ることができないやりがいの一つであるといえるでしょう。

　教員は，人格形成の基礎を培う重要な時期の子どもとかかわる仕事です。そのため，教える技術や知識だけでなく，豊かな感性や人間性など多岐に渡る専門性が非常に求められる職業であり，教員の質を高めることが一層求められています。そのため，教員としての資質の向上のためにも自己研鑽に励まなければなりません。

　教育基本法第9条では「法律に定める学校の教員は，自己の崇高な使命を深く自覚し，絶えず研究と修養に励み，その職責の遂行に努めなければならない」と定められています。教員免許を更新していくためには，教員としての勤務に加えて，講習を受けなければなりません。

　教員の使命において非常に大切なことは，子どもたちとの信頼関係を構築できるかということです。教員として，豊かな表現力や実践力も重要な資質の一つですが，自分以外の人を思いやる気持ちや協調性がなければ，一人ひとりに合った子どもへの支援，教職員や保護者との連携が困難であると考えられます。そこには教員の人間性が問われています。子どもや保護者の気持ちを受け止め，一緒に共感できることが大切です。

　たとえば，子どもが泣いていて悲しい思いをしていたら，なぜ悲しいのかと内面の気持

を読み取り，「こういうことが悲しいんだよね」と子どもの気持ちを代弁することができることが子どもを受け止めることにつながっていきます。自己肯定感や他者への思いやりの心を育み子どもの内面の気持ちを汲み取るためには，教員自身が人間力を磨いていくことが重要な要素としてあげられます。

　また，教員の必要な資質の一つにコミュニケーション能力があげられます。教員は子どもだけでなく，教職員や保護者，地域の人々など多くの人と関わる仕事です。さまざまな課題を抱えている教育現場ではコミュニケーション能力に優れた人を必要としています。

5. 編入制度，通信教育ってどのようなものなのか

(1) 編入制度とは
　昨今，大学を含めた高等教育機関への進学率が約80％になり，「全入時代」と呼ばれる時代となっています。将来の方向性への可能性が広がっていることから，進学後に進路変更を希望するということが増えてきています。新たに進学し直すとなると，それまでに取得した単位などがムダになってしまうということが懸念されます。編入制度では編入を希望する進学先に認定されれば，取得した単位を編入先で活用することができます。

　さらに，短期大学や専門学校を卒業後に4年制大学へ編入するということが可能です。しかし，全ての大学で編入希望者を受け入れるということではありません。そのため，自らの編入を希望する動機を明らかにし，希望理由にあった編入先をリサーチ・吟味しなければなりません。

(2) 通信教育とは
　通信教育とは，通常実際に学校に通いながら授業を受け，単位を取得していく教育システムとは違います。通信教育における基本学修形態は，各自の自己学修によって進められて単位を取得していくテキスト科目と，実際に学校へ出向き授業を受けるという，対面式学修形態によって単位を取得するスクーリング科目とに分けられます。スクーリング科目は限られた単位数に定められていることから，学修の中心はテキスト科目による自己学修ということになります。自らのペースで，自らの意思によって学修を進めることができる，これこそが通信教育の特徴といえます。

　しかし，その反面ほとんどの学びが学生自身に委ねられているため，基本的学修力が求められます。テキストによる科目における学びの真意や理論の確立を，いかに自らの学修によっ

て進められるかという点が，通信教育のむずかしさでもあります。

(3) 編入制度・通信教育において保育者や教員をめざすために

　保育士資格や教員免許を取得するうえで編入制度を利用するとき，編入年次によっては希望する年数（2年や3年）で全ての希望する免許や資格が取得できない場合があります。編入を希望する場合は，その点にもしっかりと注意し準備する必要があります。

　また，専門学校や短期大学において小学校・幼稚園教員免許を取得すると，2種免許状の取得となります。4年制大学において取得する1種免許状と，現場において教壇に立つうえでの違いはありません。しかし，将来的に1種免許状への変更が必要になる可能性もありますので，編入制度や通信教育を利用することが有効な手段となるでしょう。

　編入制度と通信教育を活用することで保育者や教員をめざすうえでも，なんら変わらない点は"実習"です。実習によって現場体験をし，保育者・教員としての責任や役割の意味などを経験を通して積み重ねていくことが大切です。その点に関してしっかりと理解し，編入制度や通信教育のメリットと共にデメリットにも理解の幅を広げていかなければなりません。特に通信教育における実習経験は，実習担当教員との対面的コミュニケーションの場が少ないことから，実習に対するイメージの構築やきめ細かな個別指導が大変むずかしくなります。日常的に教員と接することで不安や疑問の解消が可能となるのですが，その点に関しても学生の積極的な意思のもとで行っていかなければなりません。実体験や演習による経験の積み重ねが実習においては大切な基礎力となることからも，通信教育においては学生の積極性と自発性が何よりも重要となります。

6. 履歴書の書き方を知ろう

(1) 履歴書とはどういうものか

　履歴書とは単純にいうと，個人に関する情報を書き示したものです。氏名や住所のような個人情報に始まり，志望動機や長所・短所などの個人の思想や特性を書き示すものです。これはただ単に個人の情報が伝わればよい記録と捉えることは，あまり賢明なものとはいえません。履歴書は一般企業が採用試験にあたり活用するエントリーシートの意味合いだけではありません。今の時代においても，履歴書を手書きしなければならないことが多い点がここにあります。

　直筆とは，字の綺麗・下手ということはありますが，下手であったとしても「履歴書によっ

て自身のことをしっかり理解してもらいたい，伝えたい」ということが伝わるものと考えなければなりません。"字に心が宿る"というように，字を見ることで書いた人の思いや考えが伝わってきます。このことからも，内容を正確に書くことはもちろんですが，"読んでいただく"という姿勢のもとで丁寧に書くということが大切です。丁寧に自身の思いを一生懸命に誠心誠意書き進められた履歴書にこそ，自身の将来を決める力が宿っているのではないでしょうか。

(2) 履歴書を作成するうえで注意したい点

　上述したように，履歴書の作成において「丁寧に書く」ということがいかに大切かということをお伝えしました。次には履歴書の内容に関して注意したい点を取り上げたいと思います。

　ほとんどの場合，履歴書には名前や住所，電話番号やメールアドレスといった個人情報と，学歴や職歴といった個人歴を書き示す欄があります。ここでは，誤った内容にならないよう正確に書かなければなりません。訂正すれば困らない内容ではありますが，自分自身について記述することに対する責任の表れと考えるのであれば，間違いのないように書くことは必須といえるでしょう。

　次に，履歴書のもつ意味としてもう一つ重要なものは，志望動機や長所・短所など個人の考えや思いを伝える記述の欄です。この部分のポイントは「書く」という点においては上述したことと同じ捉え方が必要です。しかし，相手に伝えるという意味ではより深く，重要度も増すといえるでしょう。

　志望動機や自身の長所・短所などは，ある意味，設問という捉え方ができます。設問ということは，履歴書を書く者としては読み手が何を知りたいのかということを考えながら書かなくてはなりません。志望動機の「なぜこの園・学校を希望したのか？」ということが採用側にとって最も知りたい情報となるはずです。園や学校のもつ特徴についてしっかりと理解したうえで言及し，それだけでなく自らの長所や短所といった"個性"といかに合っているかという内容によって，自分自身が採用されるべき人材であるということをアピールしなければなりません。志望動機では，採用側と志望側の根拠あるマッチングを的確に書き示すことが重要となります。

　長所・短所はもちろん自らの特徴ですが，履歴書に書くべき内容となるものをしっかり書くことは大変むずかしいものです。まずは自らの長所と短所に，しっかりと向き合うことから始めなければなりません。長所となる事柄を，ランダムで構わないのでたくさんあげてみます。そのあがった内容を自らの考えるカテゴリーに分類し，また分類したものをあるカテゴリーにまとめます。この作業を何度か行うことで自らの長所がまとまり，理論的に説明できる長所

の理解ができると思います。短所も同じことで理解が深まるでしょう。

　このように，自己アピールとは漠然と自身のことについて言葉を並べてアピールする場ではありませんし，そのような内容は相手にとって欲しい情報とはなりません。履歴書とは自己満足のためのものではないのです。あくまでも読み手である採用者が，どのような人材を求めているのか，どのような情報を欲しているのか，そして自分自身がその条件にいかにマッチしているのかということを，理論的に根拠をもった記述としなければならないことを理解してください。そうすることで，履歴書そのものが厚みのある，採用者である読み手の納得できるものになると思います。

7．面接で成功するために知っておきたいこと

(1) なぜ面接が行われるのか
　面接とは，筆記試験などでは計ることのできない人柄や人間性など，その人がどういう人であるかを知るためにあるものです。保育者や教員は人が人と関わり，関わった人の人生に大きな影響を与える人物といっても過言ではありません。そのため，採用するにあたっては，子どもの人生に影響を与える人物として，面接を通して人柄，人間性を理解してもらえるように伝える必要があります。これが面接をする大きな目的となります。

(2) どのような面接の方法があるのか
　面接の方法にはいくつかのものがあります。個人面接，集団面接，集団討論などがあります。それぞれの面接方法にはそれぞれの特徴があり，面接によって得たい内容が異なってきます。そのため，各面接の特徴を捉え，準備をして臨むことが大切となるでしょう。
　個人面接とは複数の面接官を前にし，一人で面接を受けるという方法です。個人面接のもつ意味はその人の人柄を十分に理解し，しっかりと見極めたいという意図が考えられます。そのためにも，質問内容がより詳細にわたったり，個人としての考え方に及んだりすることもあります。
　集団面接とは，複数で面接を受ける方法です。その人数は２人から５人以上になることもあります。各セッションにおいて複数名が面接を受けるという点からも，面接の傾向は概略的な設問によって一般常識を問う内容であったり，第一印象から見る人物の人柄にふれるということが考えられます。一人に与えられた時間も短くなることが予想されますので，要点を押さえた受け答えが必要となるでしょう。

集団討論とは複数の被面接者に対して設問を設定し，被面接者同士で設問に対して話し合う方法です。この方法では，設問に対するある一定の話し合いによる成果を求める場合もありますし，話し合いにおけるプロセスに着目することでその人物を評価するという場合もあります。集団討論の場合ではリーダーシップを出さなければならないと思われがちですが，最も大切なことは「討論の場における自分自身の役割を理解し，適切にその役割を実行すること」であるといえます。しかし，どの立場においてもいえることは，状況を見極めながら積極的に討論に参加するという点になります。

(3) よく質問される項目とは

　面接においてよく質問される項目とはどのようなものなのでしょうか。上述したように，面接の目的はその人の内面にふれ，どのような人かを相互理解することとなります。よって，質問項目もさまざまな視点に渡りながらも人物像により深く入り込むものとなることが予想されます。質問項目の分野としては，① 志望動機，② 一般常識や社会情勢，③ 実習などを含めた学生生活，④ 自己 PR や自己理解，⑤ 専門知識や職業観・教育保育観などとなるでしょう。これらの分野からより細やかな内容の質問が設定され，対面による質疑応答がなされていきます。それでは各分野における質問項目の事例をみてみましょう。

① 志望動機
- なぜこの県（市町村）を希望したのですか？
- なぜこの学校（幼稚園・保育所）を志望したのですか？
- どうして教員（保育者）になりたいと思ったのですか？

② 一般常識や社会情勢
- 最近のニュースで特に印象に残っている事柄は何ですか？
- 世界における難民問題についてどう思いますか？
- 超高齢社会の現状をどのように考えていますか？

③ 実習などを含めた学生生活
- 学生生活において最も印象に残っていることは何ですか？
- 学生生活において学んだのはどんなことですか？
- 実習で印象に残っている学びについて教えてください。

④ 自己 PR や自己理解
- 自分自身をどのような人物だと捉えていますか？
- 自身の長所と短所を教えてください。
- 自己 PR をお願いします。

⑤ 専門知識や職業観・教育保育観
　・子どもの喧嘩の仲裁で気をつける点とはどのようなことですか？
　・社会人として仕事をすることをどのように捉えていますか？
　・子どもの育ちについてどのように考えますか？

　以上のような項目があげられるでしょう。しかし，これらが全てではなく，またそのままの形で質問されるものでもありません。そのため，準備をする段階で答えを丸暗記するようなことは無意味であり，そのような準備の仕方はやめましょう。

　何度もお伝えしているように，面接とは自分自身という人間を相手にしっかりと伝え，理解してもらう場であると捉えることが大切です。質問に対する答えに対し，暗記した内容を思い起こすような答え方では，面接官の心に届きません。さらには，どのような質問を受けるかもわかりませんので，答えを暗記することも徒労となってしまうでしょう。

　そこで，面接に対する準備とは"自分自身をしっかりと知り，理解する"ということに他なりません。自分自身をしっかりともち，日頃から自身の考えに向き合うこと，世の中の動向に対してしっかりとアンテナを張っていることが大切となるでしょう。そのためにも，まずは自分の長所と短所を理解し，論理的に説明できるようにしておくことも大切です。

8. 求人の探し方と求人票の見方とは

(1) 求人の探し方 (保育所・幼稚園)

　保育所・幼稚園における求人はさまざまな形式によって募集されます。ここでは形式別に求人について見ていきたいと思います。

　まずは公立保育所・幼稚園における求人についてです。公立の求人は各市町村などの自治体によって募集される場合がほとんどです。また，求人募集時期も各自治体によって違うため，受験希望とする自治体が，毎年どの時期に採用試験を行っているのかを事前に調べておく必要があります。さらに，近年では認定こども園への移行を進めている自治体の増加から，募集要項として「幼稚園教諭免許・保育士資格の両方を取得，もしくは取得見込みであること」としている自治体が多くなってきています。求人情報は各自治体が作成している広報誌に載せる場合がほとんどで，近年では各自治体の開設しているインターネット上のホームページにも掲示することが増えてきています。

　次に民間保育所・私立幼稚園における求人についてです。私立の場合，公立と同じように各法人や園の開設しているホームページにも求人情報を掲示するケースがあります。しかし，

ほとんどの場合が大学などの学校側へ求人票を送付し，学生が学校の就職課にて閲覧することができるようになっています。その他は学校の教員へ直接求人を依頼するケースもあります。しかし，県外の場合ですと，上記のような方法で求人情報を得ることができない場合が多くなります。そこで大切なことは，まず就職先として興味のある保育所・幼稚園をリサーチし，情報を集めておくことです。そして，事前に連絡を取りボランティアや見学を申し出ます。そして，今後の求人予定を質問したり，連絡先を伝えておくことで求人情報を得ることが可能となります。

(2) 求人の探し方 (小学校)

　小学校における求人の探し方は，ほとんどの場合，公立小学校が対象ということになります。公立小学校は各自治体の教育委員会が募集します。希望する自治体が都道府県なのか市町村なのかは，地域によって異なるため事前に情報を得ておくことが大切です。また，採用試験の時期やその内容も各自治体によって違うため，事前準備をしておきましょう。

　求人数はたくさんはありませんが，私立小学校の求人募集もなされます。この場合は保育所・私立幼稚園と同様に独自の求人となることから，法人や小学校のホームページに掲載されることが増えてきていますし，大学などの就職課や各教員に情報が出されることとなります。県外の場合は保育所・幼稚園と同様の方法が有効となると考えられます。ここでも早期の情報収集が重要でしょう。

(3) 求人票の見方

　求人票とは就職をするうえで大切な情報が記載されているものとなります。求人票に含まれている詳細について見ていきましょう。

　① 職種：求人における職種（保育士・保育補助・教員）

　② 雇用形態：求人における雇用形態（正規教員・臨時保育士）

　③ 必要な免許・資格：求人内容に対する要免許・資格（小学校教諭免許・保育士資格）

　④ 賃金：求人における給料で，税金や保険料・年金などが差し引かれる前の額面賃金

　⑤ 昇給・賞与：前年度を参考とした賃金のベースアップ額やボーナスが年間で賃金の何カ月分支払われるのか

　⑥ 就業時間：毎日の仕事における就業時間の詳細で，保育士の場合はシフト制を敷いていることが多い

　⑦ 福利厚生：健康保険や年金，その他就業するにあたってのさまざまな補助

　以上のようなことを基本事項として押さえておく必要があります。しかし，これらの内容は

求人票による内容ですので，実際の採用試験時に提示されるものと異なる場合があります。採用後に認識していたものと違うことに気づき，トラブルにならないよう自分自身でしっかりと把握しておき，納得のうえでの就職としなければなりません。

カフェタイム（コラム）⑪

ちょっと知っておきたい 就職事情

　保育者・教員になるために，免許や資格が取得できる学部や学科に入学して，卒業・資格・免許に必要な要件単位をすべて取得しました。…「先生になれる！」というわけではないことを理解しておきましょう。「先生になる」には，各都道府県，各市町村，あるいは，私立の施設が実施する教職員採用試験に合格することが必要です。この試験に合格すると，正規の教職員として働くことができます。正規の教職員になることができれば，さまざまな制度で身分が保障されます。

　非常勤教職員，臨時的な任用教職員としても働くことができますが，身分保障の内容や勤務形態が違います。賃金が正規教職員より安かったり，雇用期間に制限があったりします。非正規雇用の制度や待遇は，各自治体や私立の施設によって異なります。就職する時は説明会に参加するなどして，よく確かめましょう。

おわりに
保育者・教員になることになったあなたへのメッセージ

　最後に，この本の執筆者を代表して保育者・教員になることになったみなさんにメッセージを送ります。保育・教育の学びの中にいるみなさん。子どもと共に生きる準備はできましたか。子どもと共に生活する覚悟はできましたか。

　みなさんは，これまで守り育てられてきた立場から，「育てる人」として生きようとしています。保育者・教員を養成する学校での授業や実習でさまざまなことを学びました。子どもと共に生きるために，子どもの傍らで導くことができるようになるために，むずかしい専門科目を受講して単位を取得しました。保育・教育現場での実習は，子どもとの生活は楽しいけれど，辛く厳しいものだったでしょう。みなさんは，「先生」になるために一生懸命がんばった人たちです。

　いよいよ専門職の道を歩きはじめることになりますが，保育・教育という専門領域はここからがまた，新たな学びのはじまりです。保育・教育は，子どもと共に今を生きていくという日常の営みです。今，何をどのようにして生きるのか，研鑽することなしに前に進むことはできません。

　子どもと共にあること，それぞれの存在が重要で大切な支えであり，学び合える存在であるということを認識しなければなりません。資格や免許を取得したから保育者・教員として立てるというものではないということです。保育者・教員である前に，一人の人間として子どもと直接的なかかわりをもって生きるということなのです。

　「今，ここの子どもと共に生きる」には何が必要かということについて書いたマニュアル本はありません。何百冊という専門書を読んでも書いてないでしょう。その答えは，あなた自身が出していくということです。たくさん学んだ保育・教育の専門知識や技術を基にして，今どうするのか判断して，実践することが求められるのです。そのためには，保育者・教員である前に一人の人間として子どもに寄り添い，学び続けてきたさまざまな保育・教育学の土台にある，「保育する・教育する心持ち」で子どもと真摯に向き合うことが必要なのではないでしょうか。

　幼少期・学童期の子どもにとって，信頼できる大人との出会いとその関わりは，将来の人間関係づくりに役立つことはいうまでもありません。子どもの頃出会った信頼できる大人と

の関係や想いを，今につないでいる人は少なくないでしょう。それほどに「先生」は，生きるモデルなのです。子どもの今に寄り添い，共にあるということが，子どもの生きる力につながっていくのではないでしょうか。子どものモデルとして恥ずかしくない「先生」（自分）になれるように，日々省察し，常に学ぶ姿勢をもち続けていきましょう。

　保育に生きる人間として，専門職としての人間形成が問われることになります。子どもの要求に応えるための知識や技術なども必要ですが，それ以上に実際に子どもと共に生きるというそのことが，実践の中で知識と技術を磨くことになり，共に生きるプロセスの中で，豊かな学びの場につながっていくのではないでしょうか。

　子どもと一生懸命生活すること（遊ぶこと）から保育・教育は始まります。その生活は，楽しく，嬉しいことばかりではないでしょう。辛く厳しいこともあります。そのはざまで，苦しいことと向き合い，その苦しさを乗り越えるからこそ，保育者・教員としての喜びやワクワク感を味わうことができるのです。保育実践の中で主体的な子どもの育ちを引き出していくためには，相乗効果をもって生活を創りだすことが必要でしょう。その中で子どもの主体性が育ち豊かなものになることが実現できるのではないでしょうか。さあ，みなさん，子どもと共に生きようではありませんか。

　　2017 年 8 月 31 日

　　　　　　　　　　　　　　　　　　　　　　　　　　　　　　小島　千恵子

保育者・小学校教師のための道しるべ

2017年10月30日　第一版第一刷発行　　　　　　　◎検印省略

監修者　田中卓也
編著者　松村　齋
　　　　小島千恵子
　　　　志濃原亜美

発行所　株式会社　学文社
発行者　田中千津子

郵便番号　　　　153-0064
東京都目黒区下目黒3-6-1
電　話　03(3715)1501(代)
http://www.gakubunsha.com

©2017 TANAKA Takuya　　Printed in Japan
乱丁・落丁の場合は本社でお取替えします。　　印刷／新灯印刷株式会社
定価は売上カード，カバーに表示。

ISBN 978-4-7620-2746-8